KB016348

나는 이제 참지 않고 말하기로 했다

SCHLAGFERTIGKEITSQUEEN
: In jeder Situation wortgewandt und majestätisch reagieren
by Nicole Staudinger

나는 이제 참지 않고 말하기로 했다

니콜 슈타우딩거 지음
장혜경 옮김

갈매나무

C O N T E N T S

프롤로그 우리에겐 유쾌하게 맞받아치는 기술이 필요하다 006

1부 준비 운동 | 당신은 왜 그때 아무 말도 하지 못했나요?

나는 지금 모습 그대로 '옳다' 012
당신이 비난을 받고도 화내지 못했던 이유 020
뭘 해도 결국은 여자가 잘못이다? 024
세상의 모든 것은 변한다, 당신이 바꿔라 028
여자는 왜 똑같은 일을 하고도 남자보다 적게 받는가 032
착한 여자는 천국에 가지만 나쁜 여자는 어디든 간다 036
나와 다른 여자에게 먼저 손을 내밀 수 있는가 046

2부 순발력 레슨 | 망설이지 않는다. 기죽지 않는다. 내 자존감은 내가 지킨다!

Warm-up 말문이 막히는 순간은 누구에게나 온다 054
Lesson 01 상대가 왜 그런 말을 하는지 이해하려 하지 마라 062
Lesson 02 자신을 의심하는 순간 게임은 끝난다 066

Lesson 03 도대체 내 말은 왜 먹히지 않는가 072
Lesson 04 나 자신을 사랑하라, 한 번도 상처받지 않은 것처럼 079
》 연습문제 나를 사랑하는 연습 084
Lesson 05 우리는 완벽주의에 끌려다닐 시간이 없다 085
Lesson 06 지금의 모습, 지금의 무능에 당당하라 090
Lesson 07 정당한 비판을 받았을 때 해야 할 말 093
Lesson 08 싫은 건 싫다고 말해도 된다 096
Lesson 09 모욕에 대처하는 가장 현명한 방법 103
Lesson 10 분노를 그대로 두면 엉뚱한 곳에서 폭발한다 107
Lesson 11 선을 긋기에 늦은 때란 없다 114
Lesson 12 피해자 역할을 박차고 나와라 118
Lesson 13 나는 왜 이런 사람들을 참으며 살았을까? 125

3부 실전 대화 기술 | 나는 이제 참지 않고 말하기로 했다

Action 01 쉽게 상처받지 않는 단단한 마음이 필요하다 136
Action 02 상대가 날린 화살을 그대로 돌려주라 144
》 연습문제 역공을 날리는 기술 151

Action 03 교묘한 공격에는 어떻게 대처해야 할까? 153
Action 04 공격적이지 않고 우아하게 나를 지키는 대화 기술 162
>>> 연습문제 내 마음대로 해석하기 166
Action 05 공격인지 공격이 아닌지 헷갈릴 때 해야 할 말 168
Action 06 빙빙 돌려 말하는 사람과 대화하는 법 173
Action 07 상대의 공격을 허공으로 날리는 기술 177
Action 08 천 마디 말보다 더 확실하게 감정을 전하는 것 184
Action 09 칭찬을 있는 그대로 받아들이는 연습 192
>>> 연습문제 칭찬 주고받기 연습 199
Action 10 칭찬으로 포장된 비난에 지지 않는 강력한 한 방 200
Action 11 이런 말을 하면 너무 뻔뻔하고 과격해 보이지 않을까? 208
Action 12 끈질기게 자기 잘못부터 찾아내는 습관을 버려야 한다 214
Action 13 남 앞에 서는 것이 늘 불안한 당신에게 들려주고 싶은 말 225

에필로그 실패를 끌어안고 전전긍긍할 것인가, 지금 그대로의 당신을 사랑할 것인가 235

실전 대화 기술 불량 페미니스트의 순발력 레슨 Final Check! 242

프롤로그

우리에겐 유쾌하게 맞받아치는 기술이 필요하다

사랑하는 여성 여러분,

다들 이런 경험이 있을 것이다. 상대가 던진 한마디에 갑자기 뒤통수를 크게 한 대 얻어맞은 듯 정신이 멍해진다. 저 사람이 왜 지금 저런 말을 하는지 이해가 안 되기 때문이다. 우리의 두뇌가 이 상황을 어떻게든 이해하려 애써보지만 때는 이미 늦었다. 속 시원하게 반격을 했어야 했는데 타이밍을 놓쳐버렸다. 집으로 돌아오는 동안, 혹은 잠을 자려고 누워 있는 동안 자꾸 이런 생각이 든다.

"왜 그때 바보처럼 가만히 있었을까? 다음에는 절대 당하지 않을 거야. 반드시 맞받아쳐주겠어."

안타깝지만 나쁜 소식이 있다. '다음'은 절대 없다는 것. 같은 상황은 다시 오지 않는다. 기회는 완전히 날아갔다. 게임 끝이다. 다행히 좋은 소식도 있다. 그런 일을 두 번 다시 겪지 않아도 된다는 것.

왜? 언어 공격에 즉각적으로 맞서는 능력, 즉 순발력은 누구나 배울 수 있기 때문이다.

내가 생각하는 순발력이란 단순히 말 몇 마디를 재빨리 던지는 것으로 그치지 않는다. 순발력은 어느 정도의 평정심을 담고 있는 인생관이다. 이 책이 가장 중점을 두는 부분은 바로 여기에 있다. 물론 나는 다양한 순발력의 기술을 소개할 것이고, 이런 기술 역시 상대의 공격을 맞받아치기 위해 반드시 필요하다. 하지만 제아무리 멋진 대답을 던진다고 한들 적절한 카리스마와 확신이 동반되지 않으면 무슨 소용이 있겠는가?

이 책에서 당신은 고정관념과 선입견이 우글거리는 상황을 숱하게 만나볼 것이다. 심지어 사회적, 정치적으로 올바르지 않은 일도 곳곳에서 눈에 띌 것이다. 그렇다. 21세기에도 여전히 그런 일들이 일어난다. 가끔씩은 '정말 저런 일이 있을까?' 싶은 사례도 있을 테지만 이는 의도된 것이다. 그런 사례들이 아무 말 못하고 가만히 당하는 것보다는 어떻게든 되받아치는 기술이 필요한 이유를 절실히 보여줄 테니까 말이다.

이 책은 오로지 여성을 위해서 썼다. 왜 그런지는 차차 알게 될 것이다. 남자라서 차별당했다고 생각한다면 똑똑히 들어라! 우리 여자들은 늘 겪어왔던 일이다.

• • •

이 책을 시작하기 전에 한 가지 고백할 것이 있다. 나는 커뮤니케이션학을 전공한 학자나 교수가 아니다. 하지만 순발력을 갖추고 세상에 태어났고(정말이다, 이런 환경에선 쉬운 일이 아니다) 지난 몇 년 동안 순발력이 무엇과 관련이 있으며 어디서 오는 것인지, 순발력을 어떻게 배우고 가르칠 수 있을지 열심히 살피고 연구했다.

그렇다. 순발력은 배울 수 있다. 모든 것은 배울 수 있다. 사람에 따라 재능이 더하기도 덜하기도 하지만 우리는 모두 순발력을 배울 수 있다. 2년 전 나는 성인 대상 강의에 필요한 노하우를 얻기 위해 자격증을 취득하였다. 그리고 여성을 대상으로 순발력 워크숍을 시작하였으며, 그동안의 결실을 바로 이 책에 담았다.

애피타이저는 여기까지다. 이제 본격적으로 책을 읽으면서 자신을 지키기 위한 순발력 넘치는 말공부를 열심히 연습하고 마음껏 즐겨보기를 바란다.

- 니콜 슈타우딩거

1

왜 우리 여자들은 순응해야 하는가?
왜 우리는 발에 맞지도 않는 구두를 자진하여 신는 것인가? 왜 우리는 비난을 받고도 화를 내는 대신 마음속 저 깊은 곳에 차곡차곡 쌓아두는가?
더 이상 착한 여자가 되지 않아도 괜찮다. 이제 자신에게 던지는 질문을 바꾸어라. "그 사람의 마음에 들기 위해 무엇을 할 수 있을까?"라고 묻지 마라.
"내 요구를 관철하기 위해 무엇을 할 수 있을까?"라고 물어야 한다.

준비 운동 :

당신은 왜 그때 **아무 말도** 하지 못했나요?

사회가 정한 틀에 딱 맞추어 사는 것이 아니라 해도 괜찮다.
당신은 다른 모든 여성들과 마찬가지로 옳다.

나는 지금 모습 그대로 '옳다'

아니카의 이야기에서 시작해보자. 아니카는 고등학교 동창회가 열린다는 연락을 받았다. 오랜만에 옛 친구들을 만나고 싶은 마음이야 굴뚝같지만 꼴도 보기 싫은 몇 명이 있어서 갈까 말까 망설였다. 20년 전 아니카는 그 애들한테 심하게 괴롭힘을 당했다. 지금까지도 잊히지 않는 아픈 기억이다.

그러나 당당하게 변한 모습을 보여주라는 친구 브리타의 적극적인 설득 덕분에 결국 가기로 결심했다. 아니카는 채비를 단단히 했다. 옷도 한 벌 장만했고 유명한 미용실에 들러 헤어스타일도 바꾸었다. 하지만 집을 나서는 순간까지도 자신의 결정에 통 확신이 없었다.

모임 장소에 도착하자 벌써 왁자지껄한 소리가 들려왔다. 모두가 그녀를 반갑게 맞아주었다. 다들 웃고 떠들며 옛날 추억담을 나누었다.

"어머, 이게 누구야? 아니카 아냐?"

어디선가 재수 없는 목소리가 들렸다. 목소리만 듣고도 아니카는 누군지 곧바로 알아챘다. 바로 아니카를 괴롭히던 무리 중 하나인 안겔리카였다.

"네가 올 줄은 몰랐네."

아니카는 기분이 팍 상했지만 꾹 참고 소리 나는 쪽으로 고개를 돌렸다.

"어, 안녕. 내가 왜 이런 모임에 빠지겠어? 당연히 오지."

아니카도 마음을 단단히 먹은 만큼 여유 있게 받아쳤다.

"아, 소개할게. 이쪽은 우리 남편, 슈나이더 박사님."

"안녕하세요."

그 박사라는 작자가 아니카에게 손을 내밀었다. 그러면서 이런 말을 날렸다.

"그런데 안겔리카, 이분은 어제 사진으로 본 그분이 아닌 것 같은데? 사진에서는 정말 예쁘고 또……."

그가 입을 다물고는 아니카를 위아래로 쓱 훑었다.

"……날씬하셨는데."

아니카의 얼굴이 벌겋게 달아올랐다. 서 있던 다리에 힘이 빠져 살짝 휘청했다.

"아냐. 맞아. 아니카야."

남편에게 그렇게 대답한 안겔리카가 아니카에게로 고개를 돌렸다.

"그런데 네 남편은? 같이 안 왔어?"

"난 싱글이야. 남자 만날 시간이 있어야지. 그동안 내가……."

"어머, 서른아홉인데 아직 결혼을 못했다고? 설마 너 아직도 카이를 못 잊었니?"

안겔리카는 신이 나서 혼자 마구 떠들었다. 고등학교 시절의 짝사랑을 들먹이는 공격에 아니카는 머릿속이 하얘지며 아무 생각도 나지 않았다. 무슨 말이든 해야겠는데 말은 안 나오고 숨만 가빴다.

이제 아니카의 마음에선 무슨 일이 일어날까? 그녀는 심한 모욕감으로 치를 떨 것이다. 그날 저녁만 망친 것이 아니다. 앞으로 며칠 동안 이 순간을 곱씹으며 속을 끓일 것이다. 그런데 잠깐, 아니카를 가만히 살펴보자. 그녀는 과연 자신을 사랑할까? 자신이 그동안 얼마나 많은 일을 해냈으며 얼마나 대단한 사람인지 알고 있을까?

바꿀 수 있는 것과 바꿀 수 없는 것

아니, 그녀는 모른다. 아니카 같은 여자들은 우리 사회의 요구에 부응하지 않았기 때문이다. 우리 사회가 여성에게 강요하는 이런저런 역할 모델을 따르지 않았기 때문이다. 우리는 민주주의 사회에 살고 있고 누구나 자기가 원하는 삶을 살 수 있다고들 말한다. 하지만 사실 우리는 사회가 정한 역할 모델에 우리를 맞추며 살아야 '옳다'고 생각한다.

그런데 아니카는 그런 모델에 맞지 않는다. 일단 결혼을 안 했다. 자그마치 서른아홉이나 되었는데도 말이다. 세상에 이 무슨 흉측한 일인가! 게다가 아니카는 자식이 없다. 더 나쁜 것은 자식을 낳을 생각조차 없다는 것이다. 그녀가 하루 종일 나는 왜 자식이 없을까 한탄하며 땅을 치고 통곡한다면 그나마 봐줄 만하다. 하지만 아니카는 지금의 현실에 완벽하게 만족한다. 원하던 직업을 얻었고 그곳에서 누구도 부럽지 않을 만큼 성공을 거두었기 때문이다. 비교적 빠른 시간 안에 학위를 땄고 지금은 유명한 물리학자가 되었기 때문이다. 그럼에도, 아니 바로 그런 이유로 우리 사회는 그녀를 완벽한 여성으로 보지 않는다. 그녀에게 이런 기준을 들이대기 때문이다. 남편은? 집은? 그리고 행복한 여성의 마지막 조건인 쌍둥이와 골든 레트리버는?

아니카 같은 여자들은 우리 사회가 원하는 모델이 아니다. 직장에서는 인정받더라도 미디어나 사회로부터는 제대로 인정받지 못한다. 그러다 보니 그녀의 자아상은 이상하게 왜곡된다. 아니카는 온 세상이 박수갈채를 보내는 슈퍼모델이 아니다. 혼자 묵묵히 일하고, 남자 동료들을 상대로 자주 싸워야 하며 네일아트나 명품 같은 것에 관심이 없다. 그 누구도 그녀처럼 사는 방식이 옳다고, 좋다고 말해주지 않는다. 그러기에 그녀의 마음속 깊은 곳에는 항상 불안이 도사리고 있다. 같은 또래의 여성들과 비교할 때 자신의 인생이 '틀렸다'고 은연중에 느끼는 것이다. 그래서 안겔리카 같은 여자들을 만날 때면 마음속에 도사린 불안이 불쑥 모습을 드러낸다.

물론 나는 이 책으로 우리 사회를 흔들어 깨울 수도, 변화시킬 수도 없을 것이다. 하지만 나는 이 세상의 모든 아니카들에게 진심으로 이렇게 말해주고 싶다.

"당신은 지금 모습 그대로 옳다."

당신이 직장인이어도 좋고 주부라도 좋다. 자식이 없어도 좋고 농구 팀을 꾸릴 수 있을 만큼 많아도 좋다. 여자를 사랑해도 좋고 남자를 사랑해도 좋으며, 가슴이 있어도 좋고 없어도 좋다. 대머리여도 좋고 붙임머리를 해도 좋다. 고기라면 사족을 못 쓴다 해도 좋을 것이며, 철저한 채식주의자여도 좋을 것이다. 사회가 정한 틀에 딱 맞추어 사는 것이 아니라 해도 당신은 다른 모든 여성들과 마찬가지로 '옳다.'

세상이 바뀌기를 마냥 기다릴 수는 없는 노릇이다. 이제 우리 스 당신이 직장인이어도 좋고 주부라도 좋다.

자식이 없어도 좋고 농구 팀을 꾸릴 수 있을 만큼 많아도 좋다.

여자를 사랑해도 좋고 남자를 사랑해도 좋으며,

가슴이 있어도 좋고 없어도 좋다.

대머리여도 좋고 붙임머리를 해도 좋다.

사회가 정한 틀에 딱 맞추어 사는 것이 아니라 해도

당신은 다른 모든 여성들과 마찬가지로 '옳다.'

스로 일어나 시작해야 하며 우리의 자존감을 차곡차곡 쌓아올려야 한다. 자신이 얼마나 멋진 여성인지 아니카가 알았더라면 우리의 이야기는 아마 이렇게 흘러갔을 것이다.

“브리타, 우리 학교 졸업 20주년 기념 동창회 한다는데, 들었어?”

“정말? 너 갈 거야?”

“당연히 가야지.”

“너 괴롭히던 그 나쁜 것들도 올 텐데?”

“그렇겠지. 그때는 내가 뭘 몰라서 당했지만 이번에는 다를 거야.”

우리가 안겔리카를 바꿀 수는 없는 일이므로 그녀는 앞서 그랬듯 이번에도 재수 없는 인사를 건넬 것이다.

“어머, 이게 누구야? 아니카 아냐? 네가 올 줄은 몰랐네.”

“어, 안녕. 오랜만에 보니까 반갑네. 어떻게 지내?”

“잘 지내지. 이쪽은 우리 남편, 슈나이더 박사님.”

“아, 그래? 정말 재밌다. 네가 박사를 만나는 동안 난 직접 박사가 됐거든.”

아마 이 정도 대응으로도 대화의 방향은 급격히 꺾일 것이다. 그 박사라는 왕재수도 ‘동료’ 박사에게까지 앞에서처럼 무례하게 굴지는 않을 테니 말이다. 하지만 그가 정말 최악의 인간이라서 그런 말을 했다면 어떻게 해야 할까?

“그런데 안겔리카, 이분은 어제 사진으로 본 그분이 아닌 것 같은데? 사진에서는 정말 예쁘고 날씬하셨는데.”

"아내 동창 모임 온다고 옛날 사진까지 보시다니 정말 열심히 준비하셨네요. 근데 안젤리카가 남자 교생하고 같이 있다가 현장에서 딱 잡힌 사진도 유명한데, 그건 안 보셨나봐요?"

그 정도면 아무리 뻔뻔한 사람이라도 입을 다물고 가버릴 테지만 우리의 안젤리카는 포기하지 않고 마지막 일격을 날린다.

"그런데 남편은? 같이 안 왔어?"

"난 싱글이야."

"서른아홉에 아직 결혼을 못했다고? 설마 너 아직도 카이를 못 잊었니?"

"카이가 누구야?"

당신은 지금 아니카에게 박수를 보내고 있을 것이다. 물론 모든 책임을 안젤리카에게 돌릴 수는 없다. 우리의 그릇된 자아상을 무조건 남들의 탓으로 돌릴 수는 없다. 다만 나는 우리가 왜 이렇게 자신감이 없는지, 왜 이토록 불안한지 그 이유를 당신에게 알려주고 싶었다. 그리고 정말이지 그럴 이유가 없다는 것을 반드시 말해주고 싶었다.

순응이 내 강점이 아닐까 봐 겁난다.

- 다이앤 키튼Diane Keaton, 배우¶

당신이 비난을 받고도 화내지 못했던 이유

왜 우리 여자들은 순응해야 하는가? 왜 우리는 발에 맞지도 않는 구두를 자진하여 신는 것인가? 왜 우리는 비난을 받고도 화를 내는 대신 마음속 저 깊은 곳에 차곡차곡 쌓아두는가?

이는 아마도 우리 여성들의 역사와 떼어놓고 볼 수 없을 것이다. 수천 년 동안 우리는 '연약하다'는, '날 때부터 남자보다 열등하다'는 고정관념을 주입받았다. 그렇게 멀리 갈 것도 없다. 독일 여성들이 투표권을 갖게 된 것은 1918년으로 채 100년도 되지 않는다. 그마저도 나치 시대에는 중단되었다. 피선거권은 있었어도 선거권은 없었다.

1950년대 독일 식품업체 닥터 외트커Dr.Oetker의 광고 문안은 이러했다. '여성에겐 두 가지 생사의 문제가 있다. 뭘 입을 것인가? 무슨 반찬을 할 것인가?'

독일 여성 잡지 〈브리기테Brigitte〉는 1959년 이런 제목의 흥미진진한 기사를 실었다. '120가지 실용 팁, 이렇게 하면 남자를 잡는다.' 여러분의 정신 건강을 위해 이 120가지 '남자 포획 기술' 가운데 최고만 골라 소개하겠다.

- 결혼 이야기는 최대한 먼저 꺼내지 않는다.
- 외출을 할 때는 항상 넷이어야 한다. 그와 행복한 부부 한 쌍까지.
- 당신이 세계 최고의 세련된 여성일지라도 요리를 할 줄 알고 주부 역할을 잘할 수 있다는 사실은 은근슬쩍 알려야 한다.
- 그가 아플 땐 헌신적으로 보살핀다.
- 그에겐 즐거운 이야기만 한다. 걱정거리는 절대 내색하지 않는다.
- 춤을 출 때는 그가 원하는 대로 해야 한다. 그가 춤을 추고 싶지 않다고 하면 추고 싶어도 참아라.

여성 여러분, 어떤가? 이 정도면 배울 점이 상당하지 않을까? 미국 여성들도 1955년 〈하우스키핑 먼슬리Housekeeping Monthly〉에서 그와 비슷한 유익한 조언들을 읽을 수 있었다.

- 저녁식사를 정성껏 준비하라. 맛난 음식이 제때 완성되도록 사전에 계획을 세워야 한다. 필요하다면 전날 미리 계획을 짜두어라.

- 남편이 퇴근하기 15분 전에 짬을 내서 몸을 단장하라. 화장을 고치고 머리를 리본으로 묶어 단정한 모습으로 남편을 맞이하라.
- 남편을 보면 언제든 환한 미소로 응하라.
- 남편이 집에 들어온 후에는 절대 소음을 내지 마라. 식기세척기, 건조기, 청소기 등을 돌리지 마라.

단지 여자라는 이유로 하고 싶은 것을 하지 못한다면

지금 우리가 보면 어이가 없어 웃음이 나올 정도지만 이런 글들은 역으로 여성들이 해방된 지가 실로 얼마 되지 않았다는 사실의 반증이다. 동시에 그 해방을 유지하기 위해 매일 열심히 노력해야 한다는 반증이기도 하다.

우리 어머니들은 대부분 이런 시대를 살았고 이런 여성상과 더불어 성장하였다. 그러므로 어머니들이 원하건 원치 않았건 우리 역시 그 시대의 잔재를 은연중에 배웠을 것이다.

우리 할머니는 '여성 해방'이라는 개념이 나오기도 전에 이미 자유로운 여성이었다. 1960년대에 여자의 몸으로 직접 가게를 열어 운영하였고 두 아이를 낳아 길렀다. 우리 어머니가 세상에 태어났을 때 할머니의 나이는 서른이었다. 당시 기준으로 보면 지금과 달리 심각한 노산이었다. 출산 직후 어느 손님은 가게에 와서 할머니

발치에 침을 뱉으며 이렇게 말했다.

"그 나이에 부끄러운 줄도 모르고."

할머니는 남자들은 물론이고 여자들까지 분노하게 만들었다. 당시만 해도 여자 혼자 가게를 운영하고 결혼 생활에서도 공동 발언권을 가지는 것은 정상이 아니었다. 그렇지만 우리 할머니는 아랑곳하지 않았다. 할아버지도 마찬가지였다. 두 분은 일생 동안 세상이 아닌 자신들의 기준에 따라 살았고 두 딸을 독립적인 여성으로 키웠다. 그중 한 분이 우리 어머니였고, 어머니 역시 나를 자존감이 넘치는 여성으로 키웠다.

그렇다. 그런 교육을 등에 업은 덕에 나는 많은 혜택을 누렸다. 젊은 여성 치고는 정말로 많은 것을 당연하게 누렸다. 내 힘으로 돈을 벌기 위해 면접장에 들어가기 전까지는 말이다(그 이야기는 뒤에서 하기로 하자). 나는 내가 여자라는 이유로 하고 싶은 것을 하지 못한 기억이 전혀 없다. 그러므로 당신이 딸을 가진 엄마라면 자신의 생각과 교육이 딸의 삶에 얼마나 큰 영향을 미치는지 명심해야 한다.

차별은 우리의 자아상을,
우리의 자존감과 우리의 순발력을 망가뜨린다.

뭘 해도 결국은 여자가 잘못이다?

나는 성차별 문제가 예나 지금이나 우리 곁에 남아 있다고 확신한다. 이 주제에 관한 나의 연구 결과는 책을 세 권은 더 써도 남아돌 지경이지만 여기선 아주 잠깐만 살피고 가기로 한다.

생각 없이 섣불리 던진 성차별 발언이 있는가 하면 교묘하게 은폐된 형태의 차별도 적지 않다. 그건 각자의 세계관에 달렸다. 엄격하게 따지면 남자가 여자에게 문을 열어주는 것도 성차별적인 제스처이다. 그런 행동을 하는 남자들은 은연중에 여자는 문을 혼자 열지도 못할 정도로 '너무 연약하다'는 생각을 하는 것이니까. 그렇지만 내 개인적으로는 굳이 그렇게까지 갈 필요 있을까 싶다.

중요한 것은 지금도 일터에선 엄청난 성차별이 존재한다는 사실이다. 광고나 방송에서는 여전히 전형적인 여성의 이미지를 쏟아낸다. 솔직히 미디어 세계에는 존재의 근거를 오직 겉으로 보이는 매력에서만 찾는 여성들이 너무나 많다. 나는 그런 여성들이 우리 아이들에게 극도로 나쁜 모델이라고 생각한다. 그럼에도 오늘날엔 더 이상 능력이 반드시 출세의 조건은 아닌 것 같다. 정말로 안타깝지만……. 지금껏 여성의 권리를 위해 싸웠던 이들에겐 수치스러운 일이 아닐 수 없다. 우리 할머니를 비롯하여 모두가 무덤에서 벌떡 일어날 일이다.

누가 피해자이고 누가 가해자인가

몸으로 체험하는 성차별은 곧바로 우리의 자아상에 영향을 미친다. 한 가지 사례가 1983년에 발표된 〈브리기테〉의 기사이다.

민법 611a항(남여 동등권)에 대해 알프레드 죌르너Alfred Söllner 교수는 이런 해설을 곁들였다. '팀장이 여성 직원과 항상 갈등을 겪거나 여성 직원을 성적 관점에서 괴롭히기 때문에(심지어 성범죄로 처벌을 받았을지도 모른다) 같이 일할 수 없다면 여성을 위해서라도 여성 대신 남성을 고용하는 것이 마땅하다. 고용주의 복지 의무 차원에서 여성의 고용을 금한다.'

이 문장은 꼭 한 번 이상 읽어봐야 한다. 실제로 법학자가 피의자가 아닌 (잠재적) 피해자를 처벌하라고 권하고 있으니 말이다. 눈물이 안 나오니 차라리 웃기라도 해야겠다. 늘 잘못은 우리 여성들의 차지였다.

성차별적 발언의 수준이 가방끈 길이와는 관련이 없는 것도 어제오늘 일이 아니다. 1984년 레나테 슈미트Renate Schmidt는 〈빌트Bild〉에 기고한 글에서 여성 의원이 단상에 오르면 연방의회 의원들이 말도 안 되는 소리를 지른다며 한탄한 바 있다. "연설보다 외모가 더 좋군", "저 여자는 얼굴에 세월의 흔적이 너무 깊어!" 등 뒷골목 술집에서보다 못한 말들이 의회에서 난무한다는 것이다.

성차별은 사라지지 않았다. 전혀 사라지지 않았다. 우리 여성들은 매일 그런 발언의 피해자가 되지 않도록 정신 바짝 차려야 한다. 또한 가해자를 피해자로 미화하는 '피해자 탓하기victim blaming'가 발생하지 않는지 지켜봐야 한다. 그런 차별들이 우리의 마음속 자아상을, 우리의 자존감과 우리의 순발력을 망가뜨리기 때문이다.

성차별은 사라지지 않았다. 전혀 사라지지 않았다.

우리 여성들은 매일 그런 발언의 피해자가 되지 않도록

정신 바짝 차려야 한다. 또한 가해자를 피해자로 미화하는

'피해자 탓하기victim blaming'가 발생하지 않는지 지켜봐야 한다.

그런 차별들이 우리의 자아상을,

우리의 자존감과 우리의 순발력을 망가뜨리기 때문이다.

여성 차별은 여전히 분야를 가리지 않고 벌어지고 있다.

세상의 모든 것은 변한다, 당신이 바꿔라

여성이 운전면허증을 소유하고 남편의 허락 없이 계좌를 만들 수 있게 된 것은 1958년 이후이다. 물론 요즘도 아직 당연한 일은 아니다. 워크숍에 참석하는 여성 가운데 자기 이름으로 된 계좌나 이메일 주소가 없는 이들이 의외로 상당히 많다. 그게 무슨 상관이냐고 생각한다면 당신은 실로 대단한 사람이다. 하지만 그렇지 않다면 생각해보라. 영원한 것은 없다. 세상 모든 것은 변한다. 당신이 바꿀 수 있다.

과거의 이런 법적 규정들은 당연히 우리 여성들이 바람직한 자아상을 갖지 못하도록 만들었다. 수백 년 동안 여성들을 짓눌러온 '무시'는 우리의 자존감을 무너뜨렸다.

1965년 1000명의 여성들에게 아래의 주장에 얼마나 동의하는지 물었다.

- 여자의 왕국은 가정이다. 다른 것은 모두 남자가 할 일이다.
- 집안의 주인은 남편이다. 아내는 남편의 뜻을 따라야 한다.
- 주부라는 직업은 세상에서 가장 아름답고 다채로운 직업이다.
- 여성은 본업인 가사에 충실하되 가끔은 다른 것에도 관심을 가져야 한다.

요즘 같으면 듣기만 해도 헛웃음이 나올 문장들이다. 하지만 1965년은 지금과 다른 시대였고, 따라서 첫 문장에 69퍼센트의 여성이 동의했으며 두 번째 문장에도 57퍼센트가 동의했다고 해서 그리 놀랄 일은 아니었다. 심지어 가정주부가 꿈의 직업이라는 말에는 77퍼센트가 동의했다. 여성의 본업인 가사에 충실하되 가끔은 다른 것에도 관심을 가져야 한다는 문항에는 89퍼센트가 동의했다.

이것이 60년대 중반 우리 여성들의 자화상이었다.

• • • • • • • • •

당신은 정말로 완벽하게 해방되었을까?

이런 자화상은 법뿐만 아니라 다음과 같은 판결문을 통해 적극적으로 지지를 받았다. 1969년 한 남성이 아내의 '형편없는 살림 솜씨'를 이유로 공식적으로 이혼 허락을 받았다. 그는 결혼 생활 13년 내내 아내의 '형편없는 살림 솜씨'에 불만을 표했다. 그러다 보니 어쩔 수 없이 여자친구를 만들게 되었고 아내를 떠나기로 마음먹었다는 것이다.

1심에서는 원고인 남편이 패했다. 법원은 그가 그사이 '스스로 불법을 저질렀기' 때문이라고 판결을 내렸다. 그렇지만 2심은 그의 손을 들어주었다. 2심의 판결문을 한마디로 요약하면, 그 불쌍한 남자가 다른 여자를 찾은 것은 순전히 '형편없는' 아내 탓이었다. 판사의 판결문에도 나와 있듯 '아내에게는 인간에게 합당한 쾌적한 집을 가꾸어 행복한 가정의 기틀을 닦을 의무가 있는데 이에 불성실했기' 때문이다.

이런 소위 '전업주부 혼인'은 1977년 7월 1일에야 겨우 폐지되었다. 이때까지 여성은 법적으로 살림과 육아의 '의무'를 졌다. 가정의 의무에 태만하지 않고 남편이 허락한 경우에만 직업을 가질 수 있었다. 이혼법 역시 개혁되었다. 책임 원칙이 폐지되었다. 그전까지 가사 의무를 소홀히 하였다는 등의 이유로 이혼에 유책인 '아내'에게는 양육비 청구권이 없었다.

극단적인 사례 같은가? 절대 그렇지 않다. 쾰른에 있는 프라우엔메디아투름FrauenMediaTurm (1984년 독일 여성 운동의 대모 알리스 슈바르처Alice Schwarzer를 의장으로 설립된 공익 재단으로 여성 운동 및 그 결과, 여성 운동의 선구자들에 대한 각종 자료를 모은 곳이다-역주)에서 조사를 하면서 나는 책 한 권은 족히 쓰고도 남을 이상한 사건들을 수없이 만났다.

여성 차별은 분야를 가리지 않고 벌어졌다(아니, 여전히 벌어지고 있나?). 니콜 헤스터스Nicole Heesters (독일 여성 배우, '108세 현역 성악가', '나치 공연 논쟁'으로 유명한 테너 요하네스 헤스터스의 딸이다-역주)가 독일 TV 수사물 〈타트오르트Tartort〉 최초의 여성 형사로 출연한 때는 1978년이었다. 저널리스트 바바라 디크만Barbara Dieckmann 이 여성으로서는 최초로 뉴스 〈타게스테마Tagesthemen〉를 진행한 때는 1979년이었다. 그러니까 이 모든 일들이 놀랍도록 최근의 사건인 것이다.

함부르크 주 정부가 여성의 경찰 임용을 허가한 때도 1979년이었다. 여성 임용 금지에 항의한 페미니스트들의 저항이 거둔 결실이었다. 연방의회가 '직장 내 남녀평등'에 관한 법을 가결한 때는 1980년 8월이었고, 우리 모두도 알고 있듯 지금도 여전히 남성과 여성은 같은 일을 하고도 다른 임금을 받고 있다.

변화의 가장 큰 장애물은 우리 머릿속에 자리 잡은 역할 모델이다.

- 헨리케 폰 플라텐Henrike von Platen, 독일 BPW 회장¶

여자는 왜 똑같은 일을 하고도 남자보다 적게 받는가

다들 알 것이다. 우리 여성들은 여전히 남성과 똑같은 일을 하면서도 더 적은 임금을 받고 있다. 얼마 전 나는 전문직 여성 세계 연맹BPW에 가입했다. 우리 여성들이 연대하여 서로를 도와야 한다는 그 단체의 이념이 바람직하다고 생각했기 때문이다.

2010년부터 독일 연맹의 회장을 맡고 있는 헨리케 폰 플라텐은 기업 자문으로, 이퀄페이데이Equal Pay Day를 앞당기기 위해 매진하고 있다. 나는 그녀를 만나 남녀 임금 불평등의 원인이 무엇인지 물어보았다.

나 헨리케 씨, 현재 여성이 남성에 비해 얼마나 덜 받나요? 정확한 수치를 알려주시겠어요?

헨리케 현재 독일의 남녀 임금 격차는 21.6퍼센트입니다. 이퀄페이데이는 이 격차를 날짜로 환산하여 알려줍니다. 365일의 21.6퍼센트는 79일입니다. 그러니까 남성은 1월 1일부터 임금을 받지만 여성은 79일 동안 무임금 노동을 하는 셈이지요. (2014년 OECD 조사 내용을 기준으로 봤을 때 우리나라는 남성이 1년간 받는 임금이 100이라면 여성은 63.3퍼센트로 36.7퍼센트의 차이가 발생하고 있다. 남성이 받는 임금만큼 채우려면 여성은 1년 이상을 추가로 일해야 하는데, 이렇게 해서 임금이 같아지는 날을 이퀄페이데이, 즉 '동일 임금의 날'이라 칭한다. OECD 국가에서 남녀 임금 격차는 평균 15.6퍼센트이며 2000년 조사가 시작된 이래 한국은 15년간 1위를 유지해왔다. – 역주)

나 여성들이 1년에 79일을 돈도 안 받고 일한다고요? 정말 일할 마음이 불끈 솟구치는 사실인데요. 그 원인이 어디에 있다고 보십니까?

헨리케 근본적으로 세 가지가 있습니다. 특정 직종과 특정 업계, 그리고 높은 직급에서 여성을 찾아보기 힘듭니다. 또 가족 때문에 일을 중단하는 횟수와 기간이 남성에 비해 훨씬 잦고 깁니다. 대표적인 이유가 육아와 간병이겠지요. 그런 환경이 임금과 수입에 부정적인 영향을 미칩니다.

마지막으로 흔히 여성 직업으로 통하는 직종과 주로 여성들이 활동하는 직종이 전통적으로 부정적인 평가를 받는 것도 이유겠지요. 현 상황에선 이런 부정적 평가를 극복하기가 결코 쉽지 않습니다.

나 제가 조금 더 쉽게 해석을 해보겠습니다. 그러니까 문제는 우리 여성들의 역할이 한 가지가 아니라는 데 있다는 말씀이시죠. 우리는 '보통'의 노동 인력일 뿐 아니라 아이들의 엄마이고, 어머니와 시어머니를 간병하는 딸이자 며느리라는 거죠. 게다가 '전통적인 여성 직업'은 주로 복지 분야에 집중되어 있는 데다 저임금이고요. 어느 쪽이 문제일까요? 우리 여성들? 아니면 국가 정책?

헨리케 남녀 임금 불평등은 원인을 한 가지로 꼭 짚을 수 없는 복잡한 문제입니다. 하지만 원인이 다양하다고 해서 포기해야 한다는 말은 절대 아니지요. 한 집단만의 노력으로 문제를 해결할 수도 없습니다. 제 생각에 가장 큰 장애물은 우리 머릿속에 자리 잡은 역할 모델입니다. 그것을 바꾸어야 합니다. 남성과 여성이 함께 변화를 일으켜야 합니다. 임금평등법도 준비 중이지만 이런 법은 사회 전체가 그것을 실천할 때에만 제 기능을 다하는 법입니다.
우리 모두가 발 벗고 나서야지 누구 한 사람에게만 책임을 물을 수는 없습니다. 남성과 여성이 함께 변화를 도모해야 하고, 정부가 기본 조건을 마련해야 할 것이며 언론이 기존의 여성상과 남성상을 바꾸어야 합니다. 여성이 기업을 지휘하고 남성이 아이를 어린이집에 데려다주거나 부모를 간병하는 일이 너무나 평범하게 일어나는 세상을 살아보고 싶습니다. 어느 한쪽이 불이익을 겪지 않고 서로 평등하게, 동등한 자의식을 갖고 함께 살아가는 세상을 보고 싶습니다.

기회의 균등이란 내 결정에 대한 책임을 진다는 뜻이기도 합니다. 모두에게 어떤 결정이든 내릴 권리가 있는 세상, 그것이 제가 추구하는 목표입니다.

당신의 낮은 연봉을 미화하지 마라

여성 여러분, 들었는가? 이 현실의 불평등을 제거할 책임은 우리에게도, 아니 그 누구보다 바로 우리에게 있다.

상사와 연봉 협상을 할 때 순발력은 빼놓을 수 없는 필수조건이다. 우리 여성들은 연봉 협상처럼 원하는 것을 당당히 요구해야 하는 대화를 힘들어한다. 안타깝게도 그런 자리에서 대부분 지나치게 겸손하거나 소극적인 태도를 보인다. 그러고는 자신의 낮은 연봉을 이런 말로 미화하며 자위한다.

"그래도 일은 재미있고 사람들도 좋잖아."

그게 낮은 임금과 대체 무슨 관계가 있다는 건지 나는 도저히 모르겠다.

착한 여자는 천국에 가지만 나쁜 여자는 어디든 간다

실비아는 4년 전 한 중소기업 홍보부에 입사하여 주로 광고 기획을 담당하고 있다. 결혼은 했지만 아직 자녀는 없다. 그녀의 부서에는 그녀 외에 세 명의 남자 직원이 더 있다. 지난주 회식 자리에서 동료들이 술에 취해 우연히 연봉 이야기를 나누었는데 그 과정에서 실비아는 자기가 남자 동료들보다 거의 월 400유로를 적게 받는다는 사실을 알게 되었다.

안 그래도 자신의 연봉이 너무 적다는 생각을 하던 참이었다. 4년 동안 딱 한 번 연봉 협상을 했고 120유로가 올랐지만 그건 그녀가 노력한 결과가 아니었다. 전 직원의 연봉이 오르면서 그녀의 연봉까지 절로 오른 것뿐이었다.

실비아는 부서에서 부지런하기로 소문난 일꾼이다. 하지만 수확은 늘 동료들의 몫이라는 느낌을 지울 수가 없었다. 짜증은 나지만 그것이 자기 탓이라는 것을 그녀는 잘 알았다. 남들 앞에 나서서 말하는 것이 서투른 그녀는 자료를 수집하고 기획서를 작성하는 등 잡일은 도맡아 하면서도 정작 프레젠테이션에는 부담감을 느꼈다. 고객들과의 면담 역시 썩 내키지 않아서 준비를 다 해놓고도 정작 고객을 직접 대면하여 설명하는 일은 동료들에게 맡기곤 했다.

“오늘은 무슨 일이 있어도 사장님과 담판을 지어야겠어. 그동안 400유로나 적게 받았다니. 내가 미쳤지, 미쳤어.”

다음 날 아침 실비아는 거울을 보며 혼자 중얼거렸다. 물론 동료들한테 연봉 이야기를 들었다는 말을 할 수는 없었다. 그래서 어떻게 말을 꺼내야 할지 아직 잘 모르겠지만 이대로는 안 된다는 생각에는 변함이 없었다. 속에서 울화통이 터져 살 수가 없었다. 점심시간이 끝나고 그녀가 사장실을 찾아갔다.

“사장님, 잠깐 드릴 말씀이 있는데요.”

“지금?”

“네.”

“그럼 들어와요. 무슨 일이 있어요?”

본격적인 대화 전 잠깐 잡담을 하는 사이 실비아는 다시 용기를 잃고 말았다. 직원 한 사람 한 사람을 이렇게 꼼꼼하게 챙기는 사장한테 자신이 뭔가 잘못을 저지르는 것만 같았다. 그래도 마지막 남은 용기를 짜내 그녀가 어렵게 말을 꺼냈다.

"그게 저…… 혹시 연봉을 조금 인상할 수 있나 해서요."

"아, 왜요?"

사장이 살짝 당황한 표정으로 물었다.

"뭐 근무한 지도 벌써 4년이나 됐고 마지막으로 연봉을 인상한 지도 오래됐고 해서……."

그녀의 눈길이 아래로 떨어지고 목소리는 점점 작아졌다.

"실비아, 내가 실비아를 얼마나 높이 평가하는지 알죠? 그런데 너무 갑작스럽게 이런 말을 꺼내서 좀 당황스럽네요. 게다가 실비아도 알다시피 요즘 회사 사정도 안 좋고요."

"네, 물론 그렇죠. 그렇지만……."

"또 들었겠지만 지난달엔 인원 감축도 있었어요."

"네, 들었습니다. 하지만 다른 부서였죠. 제가 이런 말씀을 드리는 이유는 그저……."

"솔직히 말하면 나는 그 요구를 받아들일 수가 없습니다. 나도 할 말이 있거든요. 솔직히 프레젠테이션이나 고객 면담에서 실비아가 뭐랄까…… '주도적인' 자세를 보이지는 않았잖아요? 아무래도 그런 점을 무시할 수가 없죠."

정적. 대화의 흐름이 180도 바뀌었다. 주도권이 완전히 상대에게로 넘어간 것이다. 단호한 협상으로 임금을 인상하겠다던 실비아의 각오가 '나도 할 말이 있다'는 사장의 공격으로 뒤집어졌다. 오늘 아침까지만 해도 돈을 더 받을 거라고 확신했는데 웬걸 지금은 그나마 있는 자리까지 위태로운 지경이 되었다.

대화는 사장이 조금 더 생각을 해보고 다시 이야기하자는 식으로 끝이 났다. 3주 후 사장은 실비아에게 130유로 인상을 제안했다. 축하할 일이다! 이제 그녀가 남자 동료들보다 적게 받는 액수는 불과 270유로로 줄어들었다. 사장 역시 여러모로 이득이다. 첫째 돈을 절약했고, 둘째 여직원에게 불안을 조장하여 더 열심히 일해야 한다는 암묵적인 협박을 하였으며, 셋째 여직원이 당분간은 조용할 테니 말이다. 실비아는 이제 더 열심히 일하면서 상당 기간 임금에 대한 불만을 표출하지 않을 가능성이 높다.

상황이 이렇게 될 경우 실비아는 자신의 실패를 미화하며 자위할 것이다. 이건 우리 여자들이 진짜로 잘하는 일이다. 그녀는 자신에게, 친구와 가족들에게 이렇게 말할지도 모른다.

"정리해고를 당하는 사람도 있는 마당에 연봉 인상을 받다니 정말 대단하지."

실비아에겐 정확히 무슨 일이 일어난 것일까? 앞서 여러 사례에서도 보았듯 그녀의 자아상은 일그러져 있다. 자신의 진짜 능력과 가능성에 한참 못 미치는 낮은 상태에 머물러 있는 것이다.

• • • • • • • •

실컷 손해 보고 후회할 것인가, 초장에 박살낼 것인가

실비아처럼 살고 싶지 않다면, 남성 동료와 똑같은 연봉을 받고 싶다면 실컷 손해 보고 나서 후회하지 말고 초장에 박살을 내야 한다. 제발 부탁하건대 '한낱' 부지런한 일벌로 만족하지 마라. 프레젠테이션을 준비만 할 것이 아니라 직접 발 벗고 나서라. 당신의 능력을 보여줘라. 그래야 상사가 얼굴 안 보인다는 핑계로 당신의 요구를 아무렇지도 않게 묵살하지 못한다.

물론 도저히 남 앞에 나서지 못하겠다는 사람도 있을 수 있다. 만일 그렇다면 앞으로 상사와 연봉을 의논하는 자리에는 보다 철저한 준비를 갖추고 임해야 한다. 왜 당신이 회사 입장에서 절대 포기할 수 없는 인재인지, 왜 당신이 지금 당장 연봉을 올려주어야 마땅한 직원인지를 정확히 설득시킬 수 있어야 한다.

나아가 이런 상황에서는 자세와 목소리, 시선 처리가 중요하다. 가슴을 쭉 펴고 고개를 들고 방패를 치켜들고 사장실로 들어가라. 우리가 사장을 바꿀 수는 없지만 우리 자신의 태도는 얼마든지 바꿀 수 있지 않은가. 그렇다면 실비아의 상황도 달라질 수 있다.

"사장님, 잠깐 드릴 말씀이 있는데요."

"무슨 일이 있어요?"

"이미 짐작하셨겠지만 저의 탁월한 업무 성과를 연봉에 반영할 때가 되었다고 생각합니다."

상대에게 요구하는 순간에는 '그게', '혹시', '뭐' 같은 자신 없는 수식어는 과감히 생략해야 한다!

"아, 왜요?"

사장이 당황해서 물을 것이다.

"지난 4년 동안 제가 열과 성을 다해 회사를 위해 열심히 일한 것은 모두가 아는 사실일 겁니다. 고객들로부터 좋은 평가를 받았고 동료들 사이에서도 평판이 좋고요. 저는 제 일을 진심으로 사랑하고 즐깁니다. 연봉이 이런 저의 노력에 부응하는 수준으로 오른다면 저의 의욕과 능력도 배가 되겠지요."

이때 시선을 피하지 말고 고개를 똑바로 들어라! 목소리는 낮고 단호하게 유지하자.

"실비아, 내가 실비아를 얼마나 높이 평가하는지 알죠? 그런데 너무 갑작스럽게 이런 말을 꺼내서 좀 당황스럽네요. 알다시피 요즘 회사 사정도 안 좋고요."

"네, 사장님 말씀이 옳습니다. 기업이 힘든 시절이니까요. 하지만 우리 부서나 제 개인적인 업무에는 전혀 지장이 없는 것으로 압니다."

잊지 마라. 남자 동료들은 모조리 당신보다 높은 연봉을 받고 있다. 그리고 당신은 부탁이 아니라 정당한 요구를 하러 온 것이다. 그 사실을 명심하라.

"뭐, 그 말도 틀린 것은 아니지만 우리 회사도 얼마 전에 정리해고를 단행했어요."

그 사실은 당신의 요구와 직접적인 관련이 없다. 따라서 그냥 알아두는 정도에서 그치면 된다.

"아, 네. 그렇군요."

"솔직히 말하면 나는 실비아의 요구를 받아들일 수가 없습니다. 나도 할 말이 있거든요. 솔직히 프레젠테이션이나 고객 면담에서 실비아가 뭐랄까…… '주도적인' 자세를 보이지는 않았잖아요? 아무래도 그런 점을 무시할 수가 없죠."

"사장님, 제가 이 회사에서 일한 지가 벌써 4년입니다. 그리고 사장님은 직원들의 가치를 제대로 알아보는 정말 훌륭한 상사이시지요. 그렇습니다. 저는 남 앞에 나서는 것을 좋아하는 성격이 아닙니다. 하지만 무대 뒤에서 최선을 다했고 저의 그런 노력이 없었다면 저희 부서가 지금처럼 성과를 거두기는 불가능했을 것이라고 말씀드리고 싶습니다. 사장님도 저도 다 아는 사실이지요. 저는 월 450유로 인상을 제안드리고 싶습니다. 사장님께서도 고민할 시간이 필요하실 테니 다음 주 화요일에 다시 이야기하면 어떨까 싶습니다만, 언제가 더 좋을까요?"

이건 단순한 순발력의 문제가 아니다. 순발력을 넘어 자신을 홍보하기 위한 셀프 마케팅과 대화의 기술이 관건이다. 그리고 이 모든 것, 정말로 이 모든 것은 올바른 자아상과 사전 준비에 달려 있다. 실비아는 매번 사장의 말을 인정하고 그 위에 자신의 주장을 실었다. 또 자신이 무엇을 할 수 있고 무엇을 원하는지 정확히 파악했다. 나아가 자신의 요구 사항을 약간 높게 제시하여 사장이 조정할 수 있는 여지를 두었다.

그렇다. 착한 여자는 천국에 가지만 나쁜 여자는 어디든 간다.

연봉 협상 자리에서 절대 하지 말아야 할 것

연봉 협상처럼 당신의 이익을 관철시켜야 하는 자리에서 절대로 하지 말아야 할 것이 있다. 바로 상대의 마음에 들고자 하는 노력이다. 당신은 만인의 마음에 들 수 없다. 순발력 있는 여자가 되고 싶다면 결코 만인의 연인은 될 수 없다. 그래야 할 이유도 없다.

남자들은 자의식 있는 여자를 더 좋아한다는 연구 결과와 기사 내용이 수두룩하다. 이 모든 연구 결과들은 여성들에게 사랑받고 싶다면 강해져야 한다고, 열정적으로 살아야 한다고 종용한다. 왜 그렇게 살아야 할까? 남자들의 마음에 들기 위해서? 내가 보기엔 애당초 출발점이 틀렸다. 왜 남을 먼저 생각해야 하는가? 왜 남자를 앞에 두는가? 우리만 생각할 수는 없을까? 남자와 상관없이 우리가 우리 자신을 사랑하기 위해서 그러면 안 되는 것일까?

매사 애인이나 상사의 마음에 들어야 한다고 생각한다면 당신은 진실할 수 없다. 당신은 독립적인 여성이 될 수 없을 것이고 자신의

연봉 협상처럼 당신의 이익을 관철시켜야 하는 자리에서

절대로 하지 말아야 할 것이 있다.

바로 상대의 마음에 들고자 하는 노력이다.

당신은 만인의 마음에 들 수 없다.

순발력 있는 여자가 되고 싶다면 결코 만인의 연인은 될 수 없다.

그래야 할 이유도 없다.

바람은 늘 뒤로 미루게 될 것이다.

실비아처럼 힘든 대화를 앞두고 있다면 자신에게 던지는 질문을 바꾸어라. “그 사람의 마음에 들기 위해 무엇을 할 수 있을까?”라고 묻는 것이 아니다. “내 요구를 관철하기 위해 무엇을 할 수 있을까?”라고 물어야 한다.

가만히 들여다보면 우리 모두에겐 상대의 작은 조각이 숨어 있다.

나와 다른 여자에게 먼저 손을 내밀 수 있는가

이 책의 주제는 여성들 간의 우정이 아니다. 앞으로 등장하는 사례들은 그리 아름답지 못한 만남들을 다루기도 하고 이는 지극히 자연스러운 일이기도 하다. 그럼에도 불구하고 나는 1부를 마무리하며 내 인생에서 가장 아름다운 만남의 연속이었던 지난 몇 년에 대해, 그동안의 내 경험에 대해 이야기하고 싶다.

유방암을 앓으면서 나는 순식간에 엄청나게 많은 유방암 환우들과 그 가족을 알게 되었다. 같은 아픔을 겪는 여성들은 (물론 극소수의 예외는 있지만) 모두가 서로에게 솔직했다. 서로를 질시하거나 나쁜 말을 하지도 않았다. 자신의 마음을 진솔하게 털어놓았고 진심으로 서로의 완쾌를 기원하였다.

방사선 치료가 끝나고 다시 머리카락이 몇 올 돋아난 여성을 보면 모두가 진심으로 축하해주었다. 질투나 시기심 따위는 찾아볼 수 없었다. 완벽하지 않은 것이 지극히 정상이며 또 그대로 좋은 것이라는 것을, 아름다움은 머리카락이나 가슴과는 하등 상관이 없다는 것을 병원에서 만난 여성들은 모두 너무나도 잘 알았다.

이들은 서로를 말과 행동, 공감으로 평가했다. 직업이 무엇인지, 집이 몇 평인지, 아이들 성적은 어떤지 묻지 않았다. 나는 6개월가량 일주일에 한 번씩 다섯 시간 동안 같은 처지의 여성들과 함께 시간을 보냈다. 우리는 서로의 상태와 불안, 서로의 바람과 치료의 부작용을 잘 알았다. 하지만 직업이 무엇인지, 지난 휴가를 어디서 보냈는지는 묻지 않았다. 소위 사회적 신분에 대해서는 전혀 관심이 없었다. 이런 상황에 놓이고 보면 사실 그런 것들은 아무것도 아니기 때문이다.

이런 경험 탓인지도 모르겠다. 나는 이제 어떤 환경에서든 그런 자세를 지닌 사람과 친하게 지내려고 한다. 내가 자리를 비워도 내 험담을 하지 않을 사람, 나에게 불만이 있으면 솔직하게 내 얼굴을 보고 이야기하는 사람, 질투라는 것을 모르는 사람, 누구에게나 나름의 색깔과 영혼이 있다고 인정하는 사람…….

하지만 이런 의문이 든다. 꼭 유방암에 걸려봐야 그런 깨달음을 얻을 수 있을까? 우리는 모두 똑같은 고충과 아픔을 겪는 여성이고 태어날 때부터 서로에게 호감과 애정을 느껴야 마땅하지 않을까? '여자의 적은 여자'라는 말이 있다. 왜 우리는 서로에게 손을 내밀지 못하고 서로를 괴롭히고 힘들게 하는가?

사회의 입장에서 보면 여성들이 어떤 행동을 하건 상관없다. 언제 어디서나 서로 안 맞는 사람들이야 있는 법이니까. 하지만 우리 모두는 이 사회의 구성원이고 이런 상황을 변화시킬 만큼 성숙하지 않았는가?

우리가 진정 원하는 것은 무엇인가

여성들은 이런 말을 자주 한다.

"평등은 무슨. 유리천장이 얼마나 튼튼한데. 여자들은 높은 자리에 못 올라가."

미안하지만 나는 이런 말이 잘못되었다고 생각한다. 대체 주도권이 누구 손에 있나? 물론 느긋하게 의자에 기대어 앉아 이렇게 말할 수도 있을 것이다.

"저 나쁜 놈들이 우리한테 쥐꼬리만 한 월급을 쥐어주고 부려먹기만 해."

그 의자에서 벌떡 일어나 우리가 원하는 것을 쟁취할 수는 없을까? 이런 말을 해도 될지 오래 고민했다. 하지만 누군가는 꼭 해야 할 말이라고 생각한다. 우리의 현실에는 항상 두 진영이 있다. 쥐꼬리만큼의 월급을 주는 진영, 그리고 그 쥐꼬리만 한 월급을 감내하는 진영.

여자들 역시 흔한 두 진영으로 나뉜다. 워킹맘과 전업주부, 있는 그대로의 얼굴을 고수하는 사람과 화장을 하지 않고는 외출하지 않는 사람, 무조건 다 내 손으로 만들어야 직성이 풀리는 요리사와 간편한 외식 선호자……. 우리는 왜 늘 이렇게 편을 가르고 서로에게 손가락질을 해댈까? 평화적 공존은 불가능한 것일까? 가만히 들여다보면 우리 모두에겐 상대의 작은 조각이 숨어 있다. 각자 의견이 다를지 몰라도 우리는 서로를 존중하고 수용할 수 있다.

항암 치료를 받다 보면 그 사실을 인정하게 된다. 투병 중인 여성들은 하나같이 그 고통스러운 과정을 슬기롭게 넘어갈 나름의 방법을 개발한다. 이 '진영'의 여성들은 서로를 돕고 지지한다. 어떤 여성들은 미친 듯 달리고 운동하지만 다른 여성들은 하루 종일 침대에 누워 지낸다. 어떤 여성들은 가발과 화장으로 한껏 단장을 하지만 또 다른 여성들은 그냥 모자 하나 푹 눌러쓰면 끝이다. 어떻게 하든 서로 상관하지 않는다. 다 좋은 방법이기 때문이다. 그 누구도 다른 이를 비난하거나 공격하지 않는다.

그러나 안타깝게도 저 바깥 '정상인'의 세상으로 나가면 머리카락이 없다는 이유만으로 온갖 험한 소리를 들어야 한다. 이 얼마나 한심하고 어리석은 짓들인가.

여성들은 이런 말을 자주 한다.

“평등은 무슨. 유리천장이 얼마나 튼튼한데.

여자들은 높은 자리에 못 올라가.”

미안하지만 나는 이런 말이 잘못되었다고 생각한다.

대체 주도권이 누구 손에 있나?

물론 느긋하게 의자에 기대어 앉아 이렇게 말할 수도 있을 것이다.

“저 나쁜 놈들이 우리한테 쥐꼬리만 한 월급을 쥐어주고 부려먹기만 해.”

그 의자에서 벌떡 일어나 우리가 원하는 것을 쟁취할 수는 없을까?

나 역시 그렇다. 아니 그랬다. 편견 덩어리였다. 너무도 빠르게, 너무도 함부로 사람을 판단하였고 내 기준과 맞지 않으면 망설임 없이 '틀리다'는 낙인을 찍었다. 정말 어리석었다. 지금의 나는 알고 있다. 모든 인간에겐 각자가 짊어져야 할 짐이 있다는 것을, 그리고 사람들이 어떤 행동을 할 때는 다 나름의 이유가 있다는 것을. 내겐 섣불리 타인을 판단할 권리가 없다는 것을.

하지만 이 자리에서 한 가지만은 말하고 넘어가야겠다. 제일 무겁고 제일 큰 짐을 짊어진 사람들은 대부분 남에게 그 짐을 보이지 않는다. 흔들림 없는 자세로 삶의 길을 걸어가며 절대 남의 동정을 바라지 않는다.

준비 운동은 이쯤에서 마무리하기로 하자. 지금부터 본격적으로 언어 공격에 맞서는 대화 기술, 망설이지 않고 기죽지 않고 속 시원하게 맞받아치는 순발력 레슨을 시작해보자.

머릿속이 하얘지는 순간이 또다시 찾아왔다. 상대가 저런 말을 할 줄 상상도 못했기에, 혹은 상대의 입에서 나온 말이 하도 어이가 없기에 아무 생각도 나지 않아 멍하니 바라만 보게 되는 순간 말이다. 그러나 당신은 결코 남의 머릿속을 들여다보며 그 사람이 왜 이런저런 말을 했는지 알아낼 수 없다. 그런데도 여성들은 그걸 무지무지하게 하고 싶어 한다. 끝까지 파고들어 상대의 마음을 이해하려 한다. '오늘 일진이 안 좋았나 보지. 어린 시절에 엄마한테 사랑을 못 받아서 저래. 불쌍해라……'

그렇다. 불쌍하다. 하지만 정작 팩트는 이렇다. '그 불쌍한 인간'이 지금 당신을 공격했고 당신이 3초 안에 대답을 하고 싶다면 그따위 쓸데없는 생각은 과감하게 집어치워야 한다는 것이다. 그렇지 않으면 3초가 후딱 지나가버릴 테니까.

순발력 레슨:

망설이지 않는다,
기죽지 않는다,
내 자존감은 내가 지킨다!

많은 사람들이 이성을 잃지 않는 이유는 애당초 이성이 없기 때문이다.

- 아르투어 쇼펜하우어 Arthur Schopenhauer, 철학자¶

Warm-up

말문이 막히는 순간은 누구에게나 온다

레슨을 시작하기 전에 근본적인 질문 하나, 그렇다면 왜 지금 우리에게 순발력이 필요한가? 사전을 보면 '순발력'이란 순간적으로 판단하여 말하거나 행동하는 능력이다. 이 책에서 더 정확하게 말하자면 언어 공격을 무장 해제시키는 대응법이라고 할 수 있겠다. 즉 순발력은 그 사람의 지적 수준과 총기를 보여주는 증거인 셈이다.

그럼 순발력 없는 사람은 멍청하거나 정신이 나약하다는 소리인가? 물론 제대로 대답하지 못했다는 이유만으로 한 사람을 멍청이라고 부를 수야 없다. 하지만 적당한 말을 하지 못했을 때 난감한 상황에 처하기 쉽다는 건 누구나 알 수 있을 것이다.

한번 상상해보라. 사람들이 많이 모인 미팅이나 가족 모임 자리이다. 동료나 친척이 당신을 사람들에게 소개했는데 무슨 말을 해야 할지 모르겠다. 당황하여 얼굴까지 빨개진다. 그 모습이 다른 사람들 눈에 어떻게 비치겠는가? 그 사람들이 당신을 어떻게 생각하겠는가? 다른 사람들 생각이 어떻든 당신이 원하는 모습은 결코 아닐 것이다.

이로써 우리는 아주 중요한 지점에 도달하였다. 어쩔 줄 모르고 서 있는 당신은 어떤 마음일까? 어떤 기분일까? 그다음 날, 또 그다음 날은 어떤 기분일까? 바로 그거다. 당신은 이제 왜 순발력이 그토록 중요한지 알았을 것이다. 내기를 해도 좋다. 다들 적어도 한 번쯤은 같은 상황을 겪었을 것이다. 그리고 며칠 동안 우울하고 괴로웠을 것이다.

당연히 자존감에도 좋을 리 없다. 그런 일을 겪고 나면 당신의 자존감은 아래로 더 아래로 곤두박질친다. 상대 역시 딱히 이득을 보는 게 없다. 당신을 깔아뭉개려는 비열한 의도가 꼭 있어야 하는 것이 아니다. 상대가 무심코 던진 농담 한마디, 당신은 별로 우습지 않은 농담 한마디만으로도 족하다. 그렇게 혼자서 몸부림을 치는 동안 며칠이 그냥 훅 날아간다.

사랑하는 우리의 리자에게도 그런 일이 있어났다.

늘 완벽한 문장일 필요는 없다

리자는 오늘 아침 일찍 일어났다. 잔뜩 긴장했기 때문이다. 오늘 회사에 본사 관리자들이 올 예정이었다. 남자 두 명이다. 그녀가 일하는 지사엔 여자밖에 없지만 본사 고위직은 남자가 대부분이다. 물론 본사 사람들을 보는 일은 그다지 많지 않다. 기껏해야 1년에 네 번 정도이다.

따지고 보면 그녀가 그렇게 긴장할 이유는 없었다. 오늘 아침 미팅에 대비해 완벽하게 준비를 마쳤기 때문이다. 겉으로 보기에 그녀는 지적이고 매력적인 여성이다. 하지만 안타깝게도 그녀의 자아상은 그렇지가 못하다. 리자의 마음은 쉴 새 없이 자신에게 비판을 던지고 경고를 해댄다.

리자는 올해 34세 미혼으로 옷 사이즈는 M이다. 사무실 여성 직원의 평균 사이즈인 XS에 비하면 좀 크게 입는 편이다. 그래서 리자는 자신이 뚱뚱하다고 생각한다. 아니 '뒤룩뒤룩 살이 쪘다'고 생각한다. 그녀가 대학을 좋은 학점으로 졸업하고 다양한 능력과 경험을 겸비한 우수한 인재라는 사실은 늘 잊어버린다. 그런 마음속 비판이 날로 커져 그녀의 자존감을 앞지른 지도 이미 오래다. 역시나 오늘 아침에도 그랬다.

오늘 리자는 평소보다 30분 일찍 알람을 맞췄다. 그래서 남은 30분 동안 조깅이나 요가를 하거나 거하게 아침을 먹었냐고? 지금 무슨 생각을 하는 건가? 아침식사는 2주 전부터 끊었다. 그런데도 모델처럼 늘씬한 동료 여직원들 옆에서 너무 뚱뚱해 보일까 봐 겁이 난다. 그럼 뭘 했냐고? 30분 내내 그녀는 옷장 앞에 서 있었다. '뭘 입어야 되지?' 이 한 가지 질문만 던지면서.

아마도 400번은 입고 벗길 반복한 후에 그녀는 암청색 청바지에 실크 블라우스, 늘씬한 블레이저를 입기로 결정했다. 그녀의 직장은 창의성을 중요시하는 분위기인 만큼 흠잡을 데 없는 패션이다. 거기에 너무 튀지 않는 펌프스를 신은 그녀는 거울 앞에 서서 이쪽저쪽 살펴보다 배를 집어넣고 다시 본 후 금발머리를 너무 촘촘하지 않게 땋았다. 자신이 봐도 정말 매력적이라는 생각이 잠시 머리를 스쳤다. 프레젠테이션 준비는 늘 그렇듯 이미 오래전에 끝났다. 완벽한 준비를 마친 그녀는 즐거운 마음으로 출근길에 올랐다.

그녀가 제일 먼저 출근을 했다. 다행이다. 한 번 더 마음을 다잡고 조용히 커피 한잔 마시며 이메일을 체크해도 되겠다. 리자는 동료 여직원들하고 별로 친하지 않다. 아니, 친하지 않은 정도가 아니라 그들과 같이 있으면 마음이 불편하다. 이유가 무엇인지는 잘 모르겠다. 그녀는 패션에 별 관심이 없지만 굳이 그 사실을 털어놓지 않았다. 이곳에선 모두가 패션에 관심이 많다. 특히 안토니아라는 이름의 여성 동료는 패션을 핑계로 늘 그녀를 염탐하는 것 같아서 기분이 별로다.

그런 생각에 빠진 채 리자가 탕비실 커피 자판기 앞에 서서 에스

프레소 버튼을 눌렀다. 캐러멜 마키야토는 도무지 입맛에 맞지 않았다. 커피를 내리는 동안 프레젠테이션 자료를 다시 한 번 훑어봤다. 이제 곧 모두를 모아놓고 발표를 할 것이다. 그녀는 이런 일이 너무 싫다. 사람들 앞에서 말하는 건 정말 체질이 아니다. 사람들 앞에 서면 얼굴이나 옷에 뭐가 묻은 게 아닐까 늘 노심초사하게 된다.

그 순간 안토니아가 사무실로 들어왔지만 생각에 빠진 리자는 그 사실을 깨닫지 못했다. 굽이 15센티미터나 되는 하이힐이 바닥에 닿으면서 내는 요란한 소음을 못 듣다니 놀라운 일이다. 안토니아 역시 옷차림에 신경을 많이 쓴 모양이었다. 하지만 한눈에 보아도 회사 미팅이 아니라 슈퍼모델 대회에 나온 사람 같았다. 안토니아는 실력으로만 보면 리자에게 한참 못 미친다. 대학은 나왔지만 고객에 대한 공감 능력도 부족하고 이 분야에서 꼭 필요한 감각이 영 없다. 안토니아 자신도 그것을 알아서 외모나 옷차림으로 주목을 끌어 약점을 무마하려고 애쓴다.

자신 있게 머리를 뒤로 쓸어 넘기면서 그녀가 탕비실로 들어왔다. 리자는 등을 돌리고 서서 여전히 미팅 생각에 푹 빠져 있었다. 안토니아가 평소처럼 능청스런 말투로 인사했다.

"좋~은 아침."

그녀는 깜짝 놀라 움칠하는 리자를 심술궂은 표정으로 아래위로 훑어봤다. 그리고 크게 한 방 날렸다.

"오늘 미팅 있는 것 까먹었어? 아님 갈아입을 옷을 가져온 거야?"

이 공격에 리자는 어떻게 반응해야 좋을까?

Scene A

금방 주눅 들어버린다

리자는 얼른 뒤로 돌아 어쩔 줄 모르는 표정으로 안토니아를 바라본다. 머릿속으로 온갖 생각이 스쳐 지나간다.

'뭐? 그걸 왜 몰라? 미팅 준비하느라 오늘 아침 내내 옷을 골랐는데. 네 눈엔 내 옷이 그렇게 엉망이야? 어쩌지? 집에 가서 갈아입고 올까?'

하지만 꿀 먹은 벙어리가 된 듯 입에서는 아무 말도 안 나온다. 안토니아는 정반대다. 그 한 방으로도 성에 안 찼는지 결국 한 방 더 날려 확인사살을 한다.

"하긴 뭐, 너야 그런 거 신경 안 쓰니까. 이따 잘해."

그러고는 휙 돌아서 밖으로 나간다. 이제 리자는 어떤 마음일까?

리자는 극도의 불안에 떨며 자신의 옷차림이 그렇게 형편없나 고민에 빠진다. 오늘 아침에는 완벽하다고 확신했는데 말이다. 미팅 시간, 안토니아는 맞은편에 앉아 잘난 척하며 의미심장한 미소를 날린다. 리자는 잔뜩 주눅이 든 채로 프레젠테이션을 시작한다. 계획했던 대로 잘하기는 했지만 평소보다 훨씬 능력 발휘를 못한다.

바로 이 지점이 중요한 포인트다. 다른 사람의 말에 휩쓸려 자기 역량을 제대로 발휘하지 못하는 건 정말 큰 잘못이다. 물론 사람에 따라 차이가 있겠지만 리자 같은 타입의 여성들은 늘 손해를 본다.

리자는 자신이 받아 마땅한 존중을 해주지 못하는 남자와 결혼할 가능성이 높다. 나아가 남은 인생 동안 자신의 가능성을 충분히 발휘하지 못하고 살기 쉽다. 당연히 안토니아 때문이 아니다. 적어도 인생 전체를 두고 볼 때는 안토니아가 문제가 아니다. 모든 것은 결국 리자의 책임이다. 안토니아 같은 사람의 공격에 저항할 책임도 리자에게 있으니까.

앞의 사례에서 리자는 주체성을 잃어버렸다. 주체성이 달아나 돌아오지 않았다. 일주일이 지나고 안토니아에게 이렇게 말할 수는 없는 노릇이다.

"있잖아. 그날 말이야. 그게 아니고……."

그래 봤자 리자만 우스운 꼴이 되기 쉽다. 그럼 그날 그 자리에서 그녀는 과연 어떤 반응을 보였어야 했을까? 리자가 그날 아침 자신의 마음을, 인생을 바꾸기로 결심했더라면 아마 상황은 이렇게 흘러갔을 것이다.

Scene **B**

바른 자세, 바른 눈빛 하나로 충분히 대처한다

안토니아가 들어와 한 방 날린 순간, 리자는 숨을 크게 내쉬고 여유를 부리며 아주 천천히 돌아선다. 절대로 그 짧은 시간 동안 자신이 지금 무슨 옷을 입었기에 안토니아가 저런 말을 하는지 고민하지 않았을 것이다. 고민하는 대신 그 시간을 적극 활용해 역공을 준비했을 것이다.

역공이라는 말이 나왔으니 말이지만, 우리에게 주어진 시간은 단 3초

뿐이다. 3초가 지나면 기회는 날아간다. 상대는 이제 대답이 돌아올 일은 없을 것이라고 믿게 된다. 따라서 3초가 지난 후 뒤늦게 대답하면 굼뜨다는 인상, 심지어 머리가 나빠 이해력이 떨어진다는 인상을 주기 십상이다. 둔하고 머리 나쁜 사람으로 보이는 것, 그것이야말로 우리 여성들이 원치 않는 일이 아니던가.

뒤로 돌아선 리자는 안토니아의 공격에도 아무렇지 않다는 듯 오히려 당당히 미소를 날리거나, 황당하다는 듯 고개를 절래절래 젓고 한마디 말도 없이 안토니아를 스쳐 지나갔을 것이다. 안토니아가 등을 보이기 전에 그녀가 먼저 그 자리를 떠났을 것이다. 그리고 정말이지 열정적으로 프레젠테이션을 선보여 본사 사람들에게 엄청 칭찬을 받았을 테고, 안토니아는 억지웃음 뒤에 질투와 짜증을 감춰야 했을 것이다.

어떤 상황에도 완벽한 문장, 감탄이 솟구칠 문장을 준비할 수는 없다. 그럴 필요도 없다. 바른 자세, 바른 눈빛만으로도 충분한 상황은 얼마든지 있으니까.

두 번째 상황에서 가장 중요한 것은 리자가 공격의 화살을 아무렇지도 않게 뽑아 획 던졌다는 데 있다. 왜? 리자는 멋진 여성이니까. 멋진 프레젠테이션을 준비했고 그에 맞추어 열심히 옷을 골랐으며 무슨 일이건 당당하게 해내니까. 안토니아가 왜, 무엇 때문에, 어쩌다가 그 모양 그 꼴인지는 리사가 해결해줄 문제가 아니다.

만인의 마음에 들 수는 없다.

- 캐리 멀리건Carey Mulligan, 배우¶

Lesson 01

상대가 왜 그런 말을 하는지 이해하려 하지 마라

방패를 들어 날아온 공격을 튕겨내라. '튕겨낸다.' 말은 쉽다. 하지만 가슴에 손을 얹고 생각해보자. 정말 어려운 일이다.

내가 나를 보호하지 못하면 온갖 불쾌한 말들이 거침없이 날아와 우리의 머리에 박힌다. 그럼 스트레스가 쌓인다. 스트레스가 쌓이면 어떤 일이 일어날까? 그렇다. 생각을 할 수가 없다. 하지만 생각을 해야 한다. 대답을 찾아내야 하니까. 그것도 최대 3초 안에.

그러므로 우리의 첫걸음은 바로 이것이다. 공격의 화살을 튕겨내는 법을 배워야 한다. 그래야 머리를 비운 채 그 3초를 활용할 수 있다. 앞으로는 상처가 되는 말을 듣거든 그 말이 옳건 그르건 방패를 높이 치켜들어라.

여전히 막막한 이들을 위해 두 가지 소식이 있다. 우선 좋은 소식, 어떻게 하는지 배울 수 있다. 나쁜 소식, 그러자면 시간과 용기가 필요하다.

마음속의 방패를 치켜드는 연습

나는 워크숍 때마다 여성들에게 방패를 의미하는 팔 동작을 연습시킨다. 간단하다. 양손을 머리 위로 올려 지붕 모양이 되도록 손을 맞잡는 것이다. 물론 처음에는 이 동작이 그다지 순발력 있게 보이지 않을 수도 있다. 더구나 상사 앞에서 그렇게 하면 곤란할 수 있다(그래도…… 당신이 용감하게 상사 앞에서 했다면 상사의 표정이 어땠을까 정말이지 궁금하다). 하지만 그 동작을 하는 여성들을 관찰해보면 자동적으로 자세가 바뀐다는 걸 금세 알 수 있다. 등이 쭉 펴지면서 키가 커지고 얼굴 표정도 변한다. 당당한 디바 같은 표정이 된다.

우리는 결코 남의 머릿속을 들여다보며 그 사람이 왜 이런저런 말을 했는지 알아낼 수 없다. 그런데도 여성들은 그걸 무지무지하게 하고 싶어 한다. 끝까지 파고들어 상대의 마음을 이해하려 애쓴다. '오늘 일진이 안 좋았나 보지. 어린 시절에 엄마한테 사랑을 못 받아서 그런가 봐. 불쌍해라…….'

상처가 되는 말을 듣거든

그 말이 옳은지 그른지 판단하려 애쓰지 말자.

우리는 결코 남의 머릿속을 들여다보며

그 사람이 왜 이런저런 말을 했는지 알아낼 수 없다.

앞으로는 그런 말을 듣는 순간

마음속의 방패를 높이 치켜들어라.

그렇다. 불쌍하다. 하지만 정작 팩트는 이렇다. '그 불쌍한 인간'이 지금 당신을 공격했고 3초 안에 대답을 하고 싶다면 쓸데없는 생각은 과감하게 집어치워야 한다는 것이다. 그렇지 않으면 소중한 시간이 후딱 지나가버리고 만다.

그 3초 중 1초는 방패를 치켜들어 상대의 공격을 튕겨내는 데 써야 한다. 살다 보면 발에 안 맞는 구두를 몇 번이고 만나게 될 테니까.

침착함은 건강한 영혼의 자기감정이다.

- 임마누엘 칸트Immanuel Kant, 철학자¶

Lesson 02

자신을 의심하는 순간 게임은 끝난다

발에 안 맞는 구두는 신지 마라. 아예 발에 끼워보지도 마라. 그런데 왜 자꾸 구두 이야기를 하느냐고?

나는 구두가 우리 여성들의 자아상과 관련된 문제를 이야기할 때 퍽 적절한 비유라고 생각한다(앞에서 이미 고정관념이 우글거릴 것이라고 경고했었다). 당신은 얼마나 자주 발에 안 맞는 구두를 신는가?

앞서 등장한 리자도 발에 맞지 않는 구두를 신으려 애썼다. 평소 자신의 성향과 달리 패션에 지나치게 공을 들이지 않았던가. 더구나 동료가 한 방 먹이자 그냥 덥석 그 구두를 자기 것처럼 받아들였다. 너무나 부당하게 자신의 능력을 의심했다. 터무니없는 불안에 떨었다.

발에 안 맞는 구두를 신는 순간 우리는 정말 중요한 것을 잃게 된다. 바로 우리의 주체성이다. 자신을 의심하지 마라. 자신에게, 자신의 결정에 당당해야 한다. 주체성을 잃지 마라.

약점을 찌르는 질문을 받는 순간

사례를 한 가지 더 들어보자. 건축가인 나디네는 1년 전에 엄마가 되었다. 남편도 그녀도 진심으로 아이를 원했기에 아들 노아는 눈에 넣어도 안 아픈 귀한 자식이다. 출산 이후 그녀는 1년 동안 육아휴직을 했고 이제 휴직 기간이 끝나 다시 일터로 복귀할 예정이다. 더 이상의 휴직은 힘들다. 경쟁이 치열한 업계 시장에서 언제까지 고객들을 기다리게 할 수는 없다.

두 사람은 아들을 어린이집에 보내기로 결정했다. 물론 아직 어린 아들을 남의 손에 맡긴다는 것이 쉬운 결정은 아니었다. 그래도 다행히 주변에서 정말 괜찮은 어린이집을 발견했다. 두 사람 다 마음에 꼭 들었다. 출근까지는 아직 4주가 남았으므로 오늘 나디네는 노아를 데리고 문화센터 유아 프로그램에 참석했다.

"안녕, 나디네, 여기로 와요. 여기 자리 있어요."

클라우디아가 그녀에게 손짓을 한다. 두 사람은 몇 주 전에 문화센터에서 만난 사이다. 얼굴을 보면 반갑게 인사도 하고 안부도 묻지만 그 이상의 관계는 아니다.

"별일 없죠?"

"네, 그 집도 잘 지냈죠?"

"그럼요. 우리 토르벤이 이제 붙잡고 서요."

"와, 정말요?"

그 순간 선생님이 들어와 두 사람은 대화를 중단했다.

"여러분, 안녕하세요. 오늘은 프로그램을 시작하기 전에 다음 학기 참석자를 확인하려고 해요. 제가 명단을 돌릴 테니 다음 학기에도 수강하실 분은 참석 확인을 해주세요."

엄마들이 신나게 이런저런 이야기를 나누는 동안 명단이 차례로 돌아갔다. 나디네는 아무 표시도 안 하고 종이를 클라우디아에게 바로 넘겼다.

"응? 왜 안 해요?"

클라우디아가 물었다.

"다음 달부터 출근하거든요. 노아는 어린이집에 보낼 거예요."

다른 엄마가 두 사람의 대화에 끼어들었다.

"아, 그래요? 어디 어린이집이에요?"

"옆 동네 뮐러 어린이집이에요. 정말 분위기가 좋던데요."

두 사람이 어린이집 상황에 대해 잠시 대화를 나누고 있는데 클라우디아가 불쑥 이런 말을 던졌다.

"나디네, 자기한테 하는 말은 아니지만 정말 궁금해요. 1년 후에 남한테 떠맡길 거면 뭐 하러 애를 낳아요? 나는 상상이 안 돼요."

당신이 엄마라면 가슴에 손을 얹고 한번 생각해보자. 기분이 어떤가? 동지라고 생각했던 사람이, 같은 여자이자 엄마가 저런 공격을 날린다면? 말도 안 되는 소리라고? 요즘 저런 사람이 어디 있냐고? 그렇지 않다. 나 역시 이런 일을 몇 번이고 겪어봤다. 불과 몇 년 전 아들이 아기였을 적에. 우리는 여전히 두 진영으로 갈려 있다. 일하는 여자와 일하지 않는 여자. 어느 쪽이 더 잘났나? 어느 쪽이 더 좋은 엄마인가?

이제 어떻게 해야 할까? 나디네가 운이 좋았다면 옆에 있던 다른 엄마가 도와주었을 것이다. 하지만 우리의 사례에선 그러지 못했다. 노아는 나디네의 첫아이다. 앞에서도 말했듯 부부에게는 정말로 소중한 자식이고 어린이집을 결정하기도 결코 쉽지 않았다. 한마디로 클라우디아가 나디네의 아킬레스건을 건드린 것이다.

Scene **A**

화 때문에 지금, 여기에서의 소중한 시간을 망친다

나디네에게 세상은 '나쁜 엄마'라는 이름의 구두를 내밀었다. 그 구두가 그녀의 발에 맞을까? 그렇지 않다. 아이를 어린이집에 보낼 것인가 말 것인가는 가족이 알아서 내려야 할 결정이지 결코 클라우디아 같은 타인이 조언을 한답시고 끼어들 문제가 아니기 때문이다.

그 자리에서 나디네가 아무 말도 안 한다면 그녀의 주체성은 망가진다. 그날 오전도 망가진다. 화가 날 것이기 때문이다. 무엇보다 아무 말도 못 한 자신에게 제일 화가 날 것이다. 그리고 이런 화로 인해 자신이 지금 아들과 함께 소중한 시간을 보내고 있다는 사실을 잊어버릴 것이며 그 시간을 즐기지 못할 것이다.

Scene **B**

'나쁜 엄마'라는 편견은 거절한다

사실 내 개인적으로는 주체성을 잃는 것보다 삶의 소중한 시간을 쓸데없는 화로 낭비하는 것이 더 나쁘다고 생각한다. 그러므로 여성들이여, 방패를 치켜들어라. 이런 비난을 튕겨버려라. 가슴을 쭉 펴고 등을 똑바로 세우고 이렇게 대답하라.

"클라우디아, 내가 지금껏 지켜봤는데 토르벤 역시 외부의 도움을 받는 것도 나쁘지 않을 것 같아요."

혹은 이것도 괜찮다.

"자기가 말하는 '남한테 떠맡긴다'는 것이 다른 애들하고 어울려 재밌게 노는 거라면 맞아요. 당신 말대로 어린이집에 맡기는 거지요."

이건 어떤가?

"난 클라우디아 의견 물어본 적 없는데요?"

좀 더 고민해본다면 가능한 대답은 끝도 없이 떠오를 것이다. 당신이 무엇을 선택하든 상관없다. 대응을 하는 것만으로 당신은 소중한 주체성을 되찾을 수 있다. 발에 안 맞는 구두는 아예 발에 끼어볼 생각도 하지 말고 거절해야 한다.

우리가 자신을 사랑하지 않으면 남이 어떻게 우리를 사랑하겠는가?

Lesson 03

도대체 내 말은 왜 먹히지 않는가

거울아, 거울아, 벽에 걸린 거울아…….

당신 마음속에도 거울이 걸려 있는가? 당연히 우리의 모든 것은 자의식과 관련이 있다. 이건 전혀 새로울 것이 없는 사실이다. 자기 확신이 있는 사람은 언어 공격의 피해자가 되지 않는다. 자신을 사랑하는 사람이라면 그렇다. 물론 여기서 내가 말하는 자신에는 외모나 몸매만 포함되는 것이 아니다. 장점은 물론이고 모난 성격까지도 모두 나 자신이다. 그 모두를 사랑할 수 있는 사람에게선 카리스마와 매력이 절로 뿜어져 나온다.

최근에 여자들끼리 신나게 근처 바에 놀러 갔다. 무대가 설치되어 있어 누구든 앞에 나와서 노래를 부를 수 있는 곳이다. 현장 연구에 그보다 좋은 장소는 없다. 그곳에선 우리 내면의 자아상이 타인에게 어떤 영향을 미칠 수 있는지, 그 둘의 관계를 아주 쉽게 확인할 수 있기 때문이다. 내 친구들과 나는 무대 가까운 곳에 자리를 잡았다. 무대에 조명이 환해서 노래하는 사람이 아주 잘 보였다.

"조명이 왜 저렇게 환해. 여성복 탈의실보다 더 밝네. 부담스럽게스리."

흠, 그날 관찰하게 될 사건을 예고하는 말이었을까? 한 친구가 내 귀에 속삭였다. 어쨌든 처음 무대에 오른 손님들은 딱 봐도 한두 번 온 솜씨가 아니었다. 주말마다 우르르 몰려와 셀린 디온이나 머라이어 캐리의 노래를 열창하고 서로에게 박수갈채를 보내는 소위 '프로'들이었다. 이곳에는 이런 프로들이 넘쳐난다. 자의식이 빵빵한 여자들이니 나 같은 관객에겐 그야말로 멋진 구경거리가 아닐 수 없다.

그다음이 보통 사람들 차례다. 처음으로 무대에 오른 젊은 여성은 20대 초반 정도로 보였는데 오늘 밤을 위해 특별히 시간을 투자한 티가 역력한 긴 금발머리가 무척 아름다웠다. 거기에 깜찍한 미니원피스를 입었고 검은 펌프스를 신었다. 젊고 아름다운 여성이 무대에 오르니 당연히 환호가 쏟아졌다. 그러나 그녀가 노래를 시작하자 우리는 모두 할 말을 잊었다. 그 외모와 태도가 전혀 어울리지 않았기 때문이다.

노래를 썩 잘하지 못하는 것은 둘째 치더라도 노래를 시작하는 순간 외모에서 풍기던 빛이 순식간에 사라져버렸다. 그녀가 마이크를 잡은 내내 발끝을 살짝 안으로 향하고 어깨를 축 늘어뜨린 채 바닥만 쳐다보았기 때문이다. 그녀의 자의식은 제로였다. 관객들은 예의를 지켜 야유를 보내지는 않았지만, 그보다 더 나쁜 일이 일어났다. 모두가 그녀의 노래에 관심을 보이지 않고 없는 사람 취급하기 시작한 것이다.

나는 그녀가 너무나 안쓰러웠다. 저럴 필요가 없는데 왜 저럴까 싶었다. 왜 저런 젊은 여성들은 자신 있게 무대 위로 올라가 있는 힘을 다해 함성을 지르지 않는 것일까? 듣기 좋으냐 아니냐는 중요하지 않다. 즐기러 오는 장소가 아닌가?

그녀가 노래를 마쳤다. 어떤 노래였는지조차 기억나지 않는다. 그녀는 쪼르르 친구들에게 달려갔다. 그런데 놀랍게도 이 여성은 자신의 무대에 퍽 만족한 듯 보였다. 무대에서 관객의 주목을 받을 수 있으리라 기대조차 하지 않은 것 같았다. 자신의 능력에 한참 못 미치는 무대를 마치고도 아주 만족한 기색이었다. 정말 충격적이었다. 왜 그랬을까?

당신의 말에 귀 기울이지 않는 이유

뮌헨공과대학이 구인 광고를 대하는 남성과 여성의 행동을 조사하였다. 여성들은 '투철한 의지', '독립적인 성향', '목표 지향적 태도' 같은 단어에 대응하지 않았다. 자격이 아무리 충분하더라도 그런 자리는 아예 지원조차 하지 않았다. 남성의 경우 이런 광고 문안에 전혀 영향을 받지 않았다. 이 연구 조사를 실시한 학자들의 결론은 이러했다. '여성도 그런 자질을 갖추었다는 데 의심의 여지가 없다. 다만 그들 스스로가 그렇지 않다고 생각한다.' 왜 그럴까?

여성 여러분, 우리 솔직하게 말해보자. 그렇게 알아서 포기함으로써 당신이 얼마나 많은 기회를 놓치는지 아는가? 민들레를 향해 손을 뻗을 것이 아니라 별을 향해 손을 뻗어야 한다.

다시 앞의 이야기로 돌아가보자. 그 여성이 제 실력을 발휘하지 않고도 만족한 것은 그녀의 마음속 자아상이 현실에 훨씬 못 미쳤기 때문이다. 물론 지금 나는 순수하게 겉으로 드러난 모습만을 두고 이야기하는 것이다. 그 이상은 알 길이 없으니까. 그러나 나는 그녀가 누구보다 멋진 무대를 펼쳐보일 수 있었으리라 확신한다.

물론 그녀는 최고의 가수는 아닐 것이다. 하지만 한 가지는 분명하다. 그녀는 충분히 용감하다. 안 그랬으면 무대에 올랐을 리 없다. 그런데 수천 미터 높이로 오를 수 있었을 가능성을 버리고 기꺼이 아래로 추락했다. 까마득한 저 아래로. 그녀의 자세가 많은 것을 말 우리가 자신을 사랑하지 않으면 남이 어떻게 우리를 사랑하겠는가?

순발력의 근간을 이루는 이 '기초' 능력이 중요하다.

역공을 날리고 받아치는 기술은 얼마든지 익힐 수 있다.

하지만 당신의 자아상과 그로부터 비롯되는

신체 언어가 말솜씨와 어울리지 않는다면

누구도 당신의 말에 귀 기울이지 않을 것이다.

해준다. 이것이 바로 여성들 사이에 널리 퍼져 있는 '문제'이다.

그녀가 내려간 후 한 젊은 남자가 무대에 올랐다. 20대 후반으로 보였고 아직 얼굴에 여드름이 송송한 것이 젖살이 다 빠지지 않은 청년이었다. 몸에 꽉 끼는 청바지에 아주 짧은 티셔츠를 입어 배가 다 보일 지경이었다. 겉만 봐서는 매력이라는 말과는 거리가 멀었다. 그가 마이크 높이를 자기 키에 맞춰 조절하더니 어깨를 쭉 펴고 인사말을 시작했다.

"여러분, 안녕하세요. 제가 부를 노래는 '하이웨이 투 헬highway to hell'입니다."

그 말과 함께 청년은 열창을 시작했다. 노래 실력은 앞선 여성과 그다지 다르지 않았지만 그는 모든 사람들을 흥겹게 만들었다. 허공에서 기타를 치다가 집어던지는 시늉을 하더니 이내 다시 열창하는 청년을 보며 그 누구도 그가 그리 완벽하지 않다는 생각은 하지 못했다. 그는 단 3분을 마치 슈퍼스타처럼 즐겼다.

노래가 끝나자 박수갈채가 쏟아졌다. 모두가 그를 사랑했다. 그가 자신을 사랑하기 때문이다. 그가 자신을 멋지다고 생각하며, 그의 그런 생각이 그의 몸짓에서 뿜어져 나왔기 때문이다. 무대에서 내려온 청년을 향해 환호성이 쏟아졌고 사람들의 입에서 연신 감탄사가 쏟아졌다.

여성 여러분, 바로 이것이 중요하다. 우리의 자아상이 형편없다면, 우리가 자신에게 확신이 없다면, 우리가 자신을 사랑하지 않으면 남이 어떻게 우리를 사랑하겠는가?

이제 알겠는가? 순발력의 근간을 이루는 이 '기초' 능력이 얼마나 중요한지. 역공을 날리고 받아치는 기술은 얼마든지 익힐 수 있다. 말솜씨의 대가가 될 수도 있다. 하지만 당신의 자아상과 그로부터 비롯되는 신체 언어가 말솜씨와 어울리지 않는다면 누구도 당신의 말에 귀 기울이지 않을 것이다.

모든 약점에도 강점이 숨어 있는 법, 그 강점만 찾아내면 된다.

Lesson 04

나 자신을 사랑하라, 한 번도 상처받지 않은 것처럼

우리 사회에선 누군가 자기 자신을 사랑한다고 하면 흔히 떨떠름한 반응을 보인다. '자기애'라는 말은 칭찬보다 욕설에 가깝게 쓰인다. 안타까운 일이다. 특히 우리 여성들의 경우 한 움큼의 자기애가 주어져 있을 때 전혀 해될 것이 없는데 말이다.

친한 부부 두 쌍이 토요일 밤에 함께 와인을 마시러 가기로 했다. 여자끼리 먼저 만나 쇼핑을 했는데 안나가 화장 거울을 하나 샀다. 몇백만 배까지 확대되어 도저히 맨눈으로는 찾기 힘든 여드름까지 훤히 다 보이는 그런 거울 말이다. 안나는 마지막 잡티 하나까지 다 잡아내야 직성이 풀리는 성미라서 꼭 그런 거울이 필요하다며 단번에 집어들었다. 반면 티나는 그런 게 왜 필요하냐며 의아해했다. 쇼핑을 마친 두 사람이 와인 바에 들어오자 안나의 남편 톰이 물었다.

"둘이 뭐 샀어?"

"화장 거울 하나 샀어."

안나가 주섬주섬 포장을 풀더니 거울을 꺼내 쳐다봤다. 실수로 제일 크게 확대되는 면을 본 그녀가 갑자기 비명을 질렀다.

"으악, 안 돼. 아직 준비가 안 됐어."

너무나 놀란 표정으로 그녀가 말한다.

"왜 그렇게 호들갑이야. 뭐가 어떻다고?"

티나가 끼어들자 안나가 말없이 거울을 건넸다. 거울을 들여다본 티나가 곧바로 눈을 질끈 감으며 말했다.

"안나, 대체 이런 걸 왜 보는 거야?"

"아이고, 여자들이란. 이리 줘봐."

톰이 말했다. 티나가 그에게 거울을 건네주니 톰은 거울 안에 확대되어 비치는 자신을 관찰했다. 아니, 자신의 모습에 감탄을 한다는 표현이 더 맞겠다.

"내가 봐도 난 정말 최고야. 확대해서 보니 더 멋진데. 더 크게 볼 수 없어?"

"없어."

안나가 어이없다는 표정으로 대답했다.

"너도 한번 봐봐."

톰이 거울을 티나의 남편 마르크에게 건넸다. 거울을 받아든 마르크가 백조처럼 얼굴 여기저기를 관찰했다. 안나와 티나는 그런 남자들의 모습에 할 말을 잃었지만, 살짝 그들이 부러운 마음도 들었다. 사실 내 입에서도 그렇게 빨리, 그토록 자신 있게 '내가 최고'라는 말이 나온 적은 없다.

당신은 잘하는 것이 많다

나 자신을 사랑하려면 어떻게 해야 할까? 솔직히 말하면 나도 모르겠다. 나는 자기애 전문 코치가 아니다. 하긴 그런 코치한테 가봤자 배울 수 있는 건 이런 팁 정도가 아닐까 싶기는 하다.

"자, 여러분, 거울 앞에 서서 내 말을 따라합니다. '나는 나를 사랑한다!'"

당연히 그것도 좋은 방법이고 그런 말에 자극을 받는 사람들도 있을 것이다. 그러나 나는 그런 부류는 아니다. 내가 생각하기에 이것은 조명의 문제, 초점의 문제이다. 우리 자신의 강점과 약점을 우리가 어떻게 저울질하느냐의 문제인 것이다.

예를 들어보자. 내가 잘 못하거나 전혀 못하는 일을 꼽아보면 700만 가지 정도이다. 물구나무서기, 남에게 조언하기, 마루운동 하기, 공중제비 돌기, 고등 수학, 중등 수학, 일반 수학, 초등 수학, 핀

란드어, 러시아어, 네덜란드어 공부하기, 얌전하게 운전하기, 매사 신중하게 행동하기, 외교적으로 대처하기, 중국음식 요리하기, 오른손에 매니큐어 칠하기, 스모키 눈 화장하기, 꼭 눈 화장이 아니라도 화장하기, 유혹의 눈짓 보내기, 지적인 척하기, 엑셀 사용하기, 계획적으로 쇼핑하기, 세일 제품을 봐도 참고 안 사기, 아무것도 안 하고 가만히 있기 등등……. 다 써보라고 한다면 200페이지는 무난히 넘길 수 있을 것이다. 최소 200페이지다.

그렇지만 내가 썩 잘하는 것들도 그만큼 많다. 예를 들어볼까? 좋은 엄마 되기, 남편과 농담 따먹기, 연설하기, 책 쓰기, 요리하기(중국요리는 빼고), 큰 소리로 웃기, 천하태평으로 살기, 친구들과 잘 지내기, 목욕탕 청소하기, 왼손에 매니큐어 칠하기, 운전 빨리 하기, 워드 사용하기, 요가하고 나서 매트 치우기 등등…….

문제는 초점을 어디에 두느냐이다. 내가 못하는 것들만 쳐다볼 것인가? 아니면 못하는 것은 그냥 내버려두고 나의 장점이나 강점에 집중할 것인가? 헤드라이트의 불빛을 돌리고 또 돌려 샅샅이 비추어보라. 문제는 초점이다. 모든 약점에도 강점이 숨어 있는 법, 그 강점만 찾아내면 된다.

나의 성격을 다르게 조명해보라는 말이 부정적 면모를 보지 말라는 뜻은 아니다. 그저 너무 많은 조명을 그곳으로 비추지는 말라는 뜻이다. 그래야 이렇게 말할 수 있다.

“그래, 난 내가 좋아. 날 안 좋아하는 사람은 조금 더 관심을 갖고 나를 찬찬히 살펴봐야 해. 그럼 결국 날 좋아하게 될 거야."

당신의 장점은 무엇일까? 당신이 특히 잘할 수 있는 것은 무엇일까? 왜 당신은 당신에게 데이트 신청이 하고 싶을까? 어디에든 적어보자. 적어야 머릿속에 남는다.

연습문제

나를 사랑하는 연습

매사 너무 진지한 것은 금물이다. 이 질문을 앞에 놓고 며칠 밤낮 머리를 쥐어뜯어가며 고민하지 말라. 마음 편히 즐겨라. 친구들과 모여 수다를 떨면서 다같이 대답해보는 것도 좋다. 가볍게(?) 폭탄주 한잔 곁들이면 더욱 유쾌할 것이다.

Q1. 내가 잘할 수 있는 것은 무엇일까?

Q2. 내가 잘 못하는 것은 무엇일까?

양 떼의 완벽한 일원이 되려면 먼저 양이 되어야 한다.

- 알베르트 아인슈타인 Albert Einstein, 물리학자¶

Lesson 05

우리는 완벽주의에 끌려다닐 시간이 없다

자신을 정확히 알고 성찰하려면 진정성이 필요하다. 내가 소질이 없는 것을 구태여 남 앞에서 잘하는 척해봤자 어차피 금방 밝혀지고 만다.

특히 우리 여성들에게는 진짜 모습을 드러내는 일이 쉽지 않다. 모두가 우리를 완벽한 직장인이자 완벽한 아내, 완벽한 엄마, 주부, 며느리, 이웃, 친구라고, 혹은 그렇게 되어야 한다고 생각하기 때문이다. 우리는 그 역할들을 완벽하게 해내기 위해 엄청나게 많은 도구를 장만한다. 여성 잡지들을 펴보라. 우리가 무엇을 장만해야 할지 조목조목 짚어줄 것이다.

그 잡지들을 보며 우리는 시간의 흔적을 지우기 위해 주름 개선 화장품을 산다. 희끗희끗해지는 머리(남자의 흰머리는 섹시하지만 여자의 흰머리는 노화이기에)를 감추기 위해 염색약을 산다. 딱 달라붙는 청바지를 입기 위해 다양한 다이어트 레시피를 소개받는다. 완벽한 외모가 아니어도 충분히 완벽할 수 있으며 넓은 교양이나 건강한 자존감을 쌓으라고 충고하는 잡지는 눈을 씻고 찾아봐도 없다.

이건 어제오늘 일이 아니다. 물론 광고에 담긴 여성의 역할도 지난 몇십 년 동안 많이 달라졌다. 50~60년대엔 '전업주부'에 불과했던 우리가 '섹스 셀즈sex sells'라는 문구에 따라 철저히 상품화되었다. 요즘 광고에 나오는 여성은 단순히 비즈니스 우먼이기만 해서는 안 된다.

최근에 함부르크에서 어느 피자 회사의 광고판을 본 적이 있다. 무려 XXL 사이즈 정도의 가슴을 자랑하며 가슴골을 훤히 드러낸 여성이 나로서는 도저히 따라하기 어려운 자세로 온몸을 꼰 채 앞으로 피자를 내밀고 있었다. 아직도 나는 그 광고를 만든 사람들이 무슨 말을 하고자 했는지 모르겠다. 헐벗은 가슴이 살라미가 올라간 피자와 무슨 관련이 있는 걸까?

어쨌든 광고 속 우리 여성들은 항상 완벽하다. 멋진 몸매에 명품 옷을 차려 입고 머리카락 한 올 흐트러지지 않은 헤어스타일로 집 안을 반짝반짝 쓸고 닦으며 남편을 챙기고 아이들을 보살핀다. 회사에서도 맡은 일을 척척 해낸다. 아, 물론 기간제다. 정규직은 아니다. 매일 조깅과 요가도 빼먹지 않는다. 주말이면 진수성찬을 차려놓고 친척이나 친구 들을 집으로 초대한다. 이때 아무리 맛난 음식이 많더라도 몸매를 생각해서 입에 대는 척만 해야 한다.

진짜 모습을 드러내면 따라오는 것들

당신은 어떤지 모르겠지만 나의 현실은 이런 광고와는 전혀 차원이 다르다. 나는 네 살, 일곱 살, 그리고 서른일곱 살짜리 아들 셋을 키운다. 내겐 회사 하나와 집 한 채가 있지만 손은 안타깝게도 달랑 두 개뿐이다. 거울에 비친 내 모습을 보면 '방치'라는 말밖에 떠오르지 않는 날이 많다. 폭탄 맞은 것 같은 집안 꼴을 보이기 싫어 아무도 우리 집에 안 왔으면 좋겠다고 간절히 바라는 날들도 많다.

이런 날에는 459칼로리에 불과한 점심식사와 오전의 대청소, 오후의 뜨개질을 감당할 여력이 없다. 이런 날이면 내가 얼마 전부터 완벽을 포기했다는 사실에 다시 한 번 안도한다. 왜 포기했냐고? 달리 방법이 없어서 포기했다. 내가 강요받는 역할 이미지가 우리의 현실과 전혀 맞지 않는다는 사실을 깨달았기에 포기했다. 32세의 젊은 나이에 유방암에 걸렸기 때문에 포기했다.

그 힘든 시간을 거치면서 나는 우리 사회가 요구하는 '완벽'이 지나치게 과대평가되었고 너무 많은 시간을 앗아가며 아이들의 기억에 전혀 남지 않는다는 사실을 배웠다. 지금껏 살면서 나는 한 번도 이렇게 말하는 어른을 만난 적이 없다.

"어린 시절의 크리스마스는 모두 멋진 추억으로 남아 있어. 그날 우리 집은 정말 깨끗했거든."

아이들은 깨끗한 집 안이나 완벽하게 단장한 엄마를 기억하지 않는다. 아이들이 기억하는 것은 함께 책을 읽고 놀이를 하거나 산에 오른 시간, 바로 그 경험이다. 청소는 다음에 해도 되지만 삶에서 주어지는 '지금 이 순간'에는 다음이 없다.

그러므로 내겐 완벽에 투자할 시간이 과거에도 없었고 지금도 없다. 세련되고 화려한 여성 잡지 속 세상에선 용납이 안 될지 몰라도, 그런 잡지는 우리가 사는 세상과 맞지 않다. 암을 앓고 나서 더 철저하게 청결을 따질 수도 있었겠지만 나는 단연코 맹세할 수 있다. 그렇지 않아서 더 행복해졌다고. 삶에서 우리가 어떤 역할을 할지는 우리 스스로 결정해야 한다. 다른 그 누구도 결정할 수 없다.

진짜가 된다는 것은 완벽하지 않다는 것이다. 미심쩍은 여성 잡지와 말도 안 되는 광고 모델이 당신의 역할을 결정하게 하지 마라. 중도를 찾아라. 진짜 삶을 산다는 것이 청소도 화장도 안 한다는 의미가 될 수는 없겠지만 무엇보다 청결 문제에선 적당한 여유가 필요하다. 조금 더 느긋할 필요가 있다. 조금 더러워도 괜찮다고 생각할 필요가 있다. 한번 해보라. 얼마나 마음이 푸근해지는지.

스스로 선택하고 결정하여 행동할 수 있을 때, 거울을 보며 "그래, 머리 정리 안 했어. 뭐 어때? 지금도 멋있기만 한데"라고 말할 수 있을 때, 진짜 자신을 사랑할 수 있을 때, 순발력은 절로 따라온다. 지금 이대로 우리는 완벽하다!

여성들에게 해주고 싶은 말은 이것뿐이다.
야유를 듣더라도 주눅 들지 마라. 가슴을 쭉 펴고 하던 대로 계속하라.

- 스텔라 매카트니 Stella McCartney, 디자이너¶

Lesson 06

지금의 모습, 지금의 무능에 당당하라

자신의 강점과 약점을 정확히 알고, 다른 사람인 척하지 않는 사람은 정말로 중요한 선물을 받게 된다. 바로 진정성이다.

날 때부터 소심하고 수줍음이 많은 사람이 이 책을 읽는다고 해서 순식간에 에너지가 폭발하거나 신이 나서 무대에 오르지는 않을 것이다. 설사 그런 일이 일어난다 해도 그게 좋을 징조일 리 없다. 만일 그렇다면 당신의 진정성 역시 의심해봐야 할 테니까. 하지만 이 책을 읽은 후에 자신의 수줍은 성격을 더 좋아하게 되고 여기에 '여유 넘친다', '침착하다', '조급하지 않다', '느긋하다' 같은 표현들을 덧붙일 수 있게 된다면 듬뿍 칭찬받아 마땅하다. 정말로 이 책을 잘 활용한 모범생이니까 말이다.

요즘 들어 이 '진정성'이라는 단어가 새삼 주목받고 있다. 아마 지금 같은 디지털 시대에는 '진짜'를 찾아보기가 힘들기 때문일 것이다. 사례를 꼽아보자면 수도 없겠지만 포토 앱의 다양한 수정 기능만 봐도 그렇다. 요즘엔 자기 사진을 손보지 않은 채 그대로 공개하는 사람이 거의 없다. 카메라를 이렇게 돌렸다 저렇게 돌렸다 온갖 각도에서 살펴본 후에 턱이 두 겹으로 찍히지 않은, 누가 봐도 완벽한 사진을 얻어낸다. 인스타그램에는 아이러니하게도 '진짜'임을 광고하는 계정까지 심심찮게 목격된다.

남의 비판도 받아들일 수 있다면 천하무적

'진짜'는 중요하다. 멸종되었으니까. 진짜라고 생각했던 너무나 많은 사람들(특히 정치인들)이 가짜로 밝혀졌고 부패했음이 밝혀졌다. 덕분에 진짜를 향한 욕망은 전보다 훨씬 강렬하다. 완벽한 가짜보다 서툴고 모난 진짜가 바람직할 뿐더러 절실히 필요한 세상이다.

물론 사진을 얼마든지 수정하고 멋지게 포장하여 온라인에 올릴 수 있다. 여행을 하고 맛집을 찾고 쇼핑을 한 사진들을 수정하여 페이스북에 올리는 것도 당신 자유다. 하지만 이 사진들이 현실과 크게 어긋난다면 당신은 문제가 있는 사람이다. 사람들이 사진만 보고도 곧바로 당신을 알아볼 수 있다는 것, 당신이 그 무엇 뒤로도 숨을 필요가 없다는 것만으로 이미 큰 의미가 있다. 지금의 모습, 지금의 능력, 지금의 무능에 당당하라. 그것이 자신을 사랑하는 진짜 여행의 종착지이다.

그러나 잊지 말아야 한다. 진정한 삶을 사는 사람이라면 남들의 삶을 인정할 줄도 알아야 한다. 아마 그것이 진정성의 가장 어려운 부분일 것이다. '사람은 다 다르다.' 당신만 다른 것이 아니다. 진정으로 삶을 사는 사람이라면 자신의 생각과 다른 생각이 존재한다는 사실을 쿨하게 인정할 수 있다. 타인을 존중하고 용인할 수 있다.

순발력은 달리 생각하면 이런 의미를 갖고 있다. 남을 비판하려면 내가 먼저 남의 비판을 받아들일 수 있어야 한다! 남을 비판하는 사람은 위험하다. 하지만 먼저 남의 비판을 받아들일 수 있는 사람은 천하무적이다.

순발력을 건강한 이성과 혼동하지 마라.
상식적인 판단과 행동이 먼저다.

Lesson 07

정당한 비판을 받았을 때 해야 할 말

모든 공격이 당신을 무너뜨리려는 의도인 것은 아니다. 때로 정당한 비판도 받을 수 있다. 상사가 당신에게 불만이 있다면 그만한 이유가 있을 것이다. 정당한 비판이라면 굳이 순발력 있는 대응이 필요 없다. 그런 때에는 자기성찰과 실수를 인정하는 대범함이 더 필요하니까.

상사가 부하 직원 안겔리카를 자기 방으로 불렀다. 며칠 전에 그는 안겔리카에게 지난 분기 보고서를 파워포인트로 작성해서 올리라는 지시를 내렸다. 그것도 막대 도표로 말이다.

안겔리카는 파워포인트와 다이어그램을 다루는 데 서툴다. 게다가 파이형 도표는 써봤지만 막대 도표는 한 번도 만들어본 적이 없었다. 결국 그녀는 자기 식대로 보고서를 만든 후 아무 말 없이 제출했다. 그런데 지금 상사가 그녀를 호출한 것이다.

“내가 부탁했던 보고서 기억하죠?”

안젤리카는 얼굴이 벌겋게 달아올랐다.

“네, 기억합니다.”

“왜 시키는 대로 안 했어요? 내가 오늘 미팅 시간에 이 보고서 때문에 상당히 당황했거든요. 막대 도표도 아니고 숫자도 여기저기 틀렸어요. 이건 작년 수치예요.”

안젤리카는 어쩔 줄을 몰랐다. 큰 실수를 저질렀다. 어떻게 해야 좋을까?

“죄송합니다”라는 말의 당당한 힘

상사는 친절하지만 단호한 어조로 그녀의 잘못을 지적한다. 물론 그녀는 반박할 수 있다. “정확하게 말씀을 안 하셔서……”라고 둘러댈 수도 있다. 뻔뻔한 대답으로 상사에게 대들 수도 있다. 하지만 그건 현명한 태도가 아니다. 상사의 말이 옳기 때문이다. 그녀는 실수를 저질렀다. 그런데도 상사는 동료들이 있는 자리에서 그녀를 망신 준 것이 아니라 그녀만 따로 불러 조용히 타이르고 있다. 당신이 안겔리카와 같은 입장에 놓여 있고, 황당하게 해고당하고 싶지 않다면 나는 이런 대답을 권하고 싶다.

"정말 죄송합니다. 제 실수입니다."

크게 순발력 있는 대답은 아니지만 반성과 신중함이 엿보이는 대답이다.

"파워포인트는 착각을 했다고 쳐도 숫자는 변명의 여지가 없습니다. 정말 죄송합니다. 두 번 다시 이런 일 없도록 주의하겠습니다."

대부분의 사람들은 사과에 약하다. 아무리 화가 나도 상대가 진심으로 사과를 하면 마음이 진정된다. 그래서 대부분 "아, 그렇게까지 미안해할 일은 아니에요", "다음부터 조심하면 되죠" 같은 식의 반응을 보이게 된다. 양손을 들고 자신의 잘못을 인정하는 사람에게 또다시 채찍질을 해댈 사람은 그리 많지 않으니까.

순발력을 건강한 인간의 이성과 혼동하지 마라. 상식적인 판단과 행동이 먼저다. 정당한 비판은 떳떳하게 인정하고 정중하게 사과할 줄 알아야 한다.

이제 참지 않아도 된다. 착한 여자는 이제 그만해도 된다.

Lesson 08

싫은 건 싫다고 말해도 된다

우리가 여자라는 이유로 겪는 여러 가지 상황들이 있다. 몇 가지 사례를 살펴보면서 우리의 대처 방식에 대해 고민해보자.

다니엘라가 차를 몰고 시내로 들어가는 중이다. 시내 운전에 영 서툰 여성들도 많지만 다니엘라는 아니다. 운전 실력도 좋고 본인도 운전을 즐긴다. 다만 후진 주차 실력이 영 늘지 않는다. 어느 날 시내에 들어가서 주차할 자리를 찾다가 마침 한 곳을 발견한다. 그런데 후진 주차를 할 수밖에 없는 위치다. 당황한 그녀의 얼굴에서 땀이 삐질삐질 솟아난다. 한 번에 성공을 못하면 교통 흐름을 방해

할 수도 있는 상황이기 때문이다.

"침착하자. 넌 할 수 있어."

다니엘라가 다짐을 한다. 후진 기어를 넣고 차를 쓱 후진시키는데 갑자기 털컹 하더니 뒷바퀴가 도로 연석에 부딪친다. 하마터면 지나가던 행인을 칠 뻔했다. 깜짝 놀라 마음이 졸아든다.

그녀가 낑낑대며 차를 집어넣으려는 주차장 길 건너편에서는 한창 새 건물을 짓는 중이다. 공사장 인부 몇 명이 아까 부딪친 소리를 듣고 일손을 멈춘 채 그녀를 빤히 쳐다본다. 다니엘라는 오기가 발동한다. '반드시 이 자리에 넣고 말했어!'

뒤에서 기다리던 차들이 빵빵거린다. 그녀는 개의치 않고 다시 주차를 시작한다. 핸들을 꺾어 빙빙 돌린 후 차 뒷부분을 주차 공간으로 들이민다. 무려 100여 번에 걸쳐 전진과 후진을 반복한 끝에 마침내 정확하게 차를 집어넣는다. 그녀가 차에서 내리는 순간 맞은편의 인부들이 웃으면서 큰 소리로 박수를 친다. 이때 당신이라면 어떻게 반응했을까?

Scene **A**

황급히 물러난다

빨개진 얼굴로 못 들은 척 그들을 무시하고 얼른 자리를 피한다.

Scene B

여유 있게 마무리한다

다니엘라는 순발력의 가장 중요한 조건이 스스로를 유머의 대상으로 삼을 수 있는 여유라고 배웠다. 솔직히 그녀의 주차 실력은 그리 훌륭하지 않았다. 인정하자! 그래도 어쨌든 해내지 않았는가? 그녀는 활짝 웃으며 공연을 마친 프리마돈나처럼 사람들의 박수갈채에 허리 굽혀 인사를 한다.

착한 여자는 이제 그만

킴이 친구들과 클럽에 춤을 추러 간다. 그런데 그런 곳에만 가면 이상하게 킴 주변으로 얄궂은 남자들이 꼬인다. 문제는 킴이 그런 남자들이 접근을 해도 과감하게 거절하지 못한다는 데 있다. 그러다 보니 정작 즐기러 간 곳에서 대하기 불편한 남자들과 시간을 보내야 하는 난감한 상황이 발생한다. '오늘은 반드시 싫다고 말하겠어.' 그녀는 단단히 각오를 다진다.

무대에서 춤을 추고 있으려니 한 젊은 남자가 슬슬 그녀 쪽으로 다가온다. 존 트라볼타처럼 느끼하기 짝이 없게 생겼는데 자기가 진짜 존 트라볼타인 줄 아는지 무대를 제집처럼 활보하며 춤을 춰 댄다. 친구가 킴의 귀에 대고 속삭인다.

"야, 오늘도 문제아 등장이다. 잘해봐, 문제아 전담반."

킴은 존 트라볼타의 활갯짓에 주눅이 들어 어쩌지 못하고 잠깐 그와 같이 춤을 춘다. 하지만 남자는 거기서 멈추지 않는다. 킴이 소심한 여자인 줄 알고 대놓고 그녀에게 몸을 밀착한다. 킴은 오늘 밤도 위태롭다. 하지만 그녀가 무슨 다짐을 했던가?

Scene **A**

확실하게 거절하지 못하고 미적거린다

잠깐 화장실 다녀온다고 핑계를 대고 그 자리를 모면한다. 그러나 남자는 계속 그녀 뒤를 따라오며 추근댄다.

Scene **B**

유머로 단호하게 거절한다

아, 이젠 정말 질린다. 더 이상은 못 참겠다. 그런데 저쪽 바에 정말 괜찮은 남자가 앉아 있다. 딱 킴의 이상형이다. 그녀가 존 트라볼타에게 무슨 말인가 하는 시늉을 하자 그가 환한 표정으로 그녀에게 귀를 갖다 댄다. 킴이 묻는다.

"춤 좋아해요?"

남자는 만면에 미소를 띠며 기쁨에 겨워 외친다.

"당연하지!"

다시 킴이 가까이 오라는 손짓을 보낸다. 남자가 다가오자 그녀가 큰 소리로 외친다.

"근데 왜 안 배워? 좀 배워라, 배워."

의기충천했던 남자는 바늘에 찔린 풍선처럼 피시식 뒷걸음쳐 가버린다. 킴은 기분 좋게 바를 향해 걸어간다.

아누카가 마트에서 장을 보는 중이다. 바나나를 고르다가 문득 눈길이 느껴져 고개를 드니 연배가 한참 위인 중년 남성이 그녀를 빤히 쳐다보고 있다. 불쾌한 눈빛에 기분이 팍 상한다.

"아니 내가 그렇게 나이 들어 보이나?"

그렇게 생각할 것은 없다. 남자들은 원래 한참 어린 여자에게도 거리낌 없이 접근하니까. 아누카는 모르는 척 외면한다. 생선 코너에서 다시 그 남자를 만난다. 남자가 능글맞게 웃으며 이런 말로 그녀에게 순서를 양보한다.

"아름다운 숙녀 분 먼저!"

아누카는 짜증이 난다. 주차장으로 와서 차에 장바구니를 싣는데 그 남자가 그녀에게 다가와 다짜고짜 묻는다.

"아가씨, 커피 한잔할래요?"

Scene **A**

그냥 참고 넘긴다

"음……. 죄송하지만 시간이 없네요."

자기보다 서른 살은 더 먹어 보이는 늙은이가 수작을 걸었다는 사실에 화가 나지만 그건 그냥 속으로 삭인다.

Scene **B**

싫은 건 싫다고 말한다

남자를 바라보며 똑바로 말한다.

"할아버지, 할아버지께선 나이 차가 엄청 나도 매력을 느끼시나 본데요, 저는 아니에요. 전 할아버지는 싫어요."

내 의도를 곡해하지는 마라. 당신을 예의라고는 모르는 쌈닭으로 만들려는 것이 아니다. 하지만 세상살이가 어디 그리 만만하던가. 살다 보면 사랑스럽고 착하고 상냥한 여자이고 싶은 우리의 아름다운 마음을 '지켜주지 못해 미안한' 상황이 훨씬 더 많다.

똑똑한 사람은 매사에서 배우고 평범한 사람은 자신의 경험에서 배우지만 멍청한 사람은 무슨 일이든 남들보다 잘 아는 척한다.

- 소크라테스Socrates, 철학자¶

Lesson 09

모욕에 대처하는 가장 현명한 방법

순발력 있는 사람을 보면 말재주가 뛰어나다고 생각하기 쉽지만 사실 그것이 전부는 아니다. 내가 생각하기엔 전혀 다른 것이 필요하다. 그것이 있어야 진정으로 순발력이 있다고 말할 수 있다. 그게 뭘까? 우선 나의 경험담 하나를 들려주겠다.

얼마 전에 남편과 나는 이웃집에서 열린 멋진 파티에 초대를 받았다. 당시 아직 유방암은 발견되지 않았지만 흑색종 피부암이 발견된 상태였다. 진단을 받은 후 나는 내 삶에 변화를 주기로 결심했다. 무엇보다 건강을 위해선 운동이 필요했기에 조깅 강좌에 등록했다.

12주 동안 하루도 빠지지 않고 30분씩 뛴다! 그것이 조깅 강좌의 목표였다. 놀랍게도 나는 정말 하루도 빠짐없이 30분을 뛰었다. 그것도 모자라 친구와 정기적으로 공원을 달렸다. 아, 그야말로 스포츠계의 떠오르는 혜성이 아니던가! 내가 사는 곳처럼 작은 동네에선 어느 날 갑자기 누군가가 나처럼 달리고 달리고 또 달리면 어쩔 수 없이 모든 주민들의 눈길을 끌게 된다. 그날 파티에서도 나는 의도치 않게 대화의 주제가 되고 말았다.

멋지게 꾸민 식탁에 사람들이 둘러서서 맛난 음식과 차가운 맥주를 즐겼다. 내 접시에도 생고기를 듬뿍 올린 생돈육 빵과 기름이 좔좔 흐르는 치즈가 담겼다. 한마디로 최고의 파티였다.

"니콜, 요즘 매일같이 달리던데 언제부터 조깅을 시작한 거야?"

한 지인이 나의 새 취미에 관심을 보였다.

"아, 봤어? 넉 달 전부터 하고 있어."

"뭐, 네가 운동을 한다고? 말도 안 돼."

다른 지인이 진심으로 흥미를 보이며 끼어들었다. 지금껏 내가 운동하는 모습을 한 번도 본 적이 없을 테니 당연한 일이었다.

"글쎄, 그렇다네. 니콜이 조깅 강좌에 등록을 해가지고……."

여기저기서 말문이 터졌다. 조깅이 어쩌고 건강이 어쩌고 몸매가 어쩌고 이야기가 꼬리를 물고 이어졌다.

• • • • • • • •

자신을 웃음의 대상으로 삼을 수 있는 용기

그 와중에 한 여성만이 아무 말 없이 서 있었다. 나와 얼굴만 아는 사이였는데 그녀의 손엔 생돈육 빵도 차가운 맥주도 없었다. 달랑 올리브 두 알과 물 반 컵이 전부였다. 그런데 자세를 보아하니 우리의 대화에 몹시 끼어들고 싶은 모양이었다. 사람을 가만히 관찰하다 보면 그런 건 자연히 알 수 있는 법이다. 그녀는 천천히 어깨를 추켜세우고 헛기침을 했다. 그러고는 체중을 이 발에 실었다 저 발에 실었다 하며 연신 자세를 바꾸었다. 마치 큰 도약을 준비하는 사람처럼.

마침내 그녀가 크게 뛰었다. 모두가 자신의 말을 들을 수 있는 순간을 초조한 마음으로 기다렸다가 드디어 입을 연 것이다.

"그것 참 대단하네요. 그렇게 열심히 뛰는데도 뚱뚱한 이유가 대체 뭐예요?"

쿠쿵!

이 식탁에서 무슨 일이 일어났겠는가? 그렇다. 한 여성은 침을 꼴깍 삼켰고 다른 여성은 맥주를 코로 뿜었다. 모두가 나를 쳐다보았다. '미친 거 아냐? 어떻게 저런 말을 해?'라는 심정과 '마침내 올 것이 왔구나!'라는 체념 사이를 오가는 분위기였다. 반면 나는 (3초의 시간밖에 없었지만) 아주 느긋했다. 그녀를 쳐다보며 너무나 다정한 목소리로 말했다.

“아주 간단해요. 소모하는 에너지양보다 더 먹으면 되거든요.”

이제 추측해보자. 그날 파티 장소를 제일 먼저 떠난 사람이 누구였을까? 나는 아니었다. 과연 여기서 무슨 일이 일어났던 것일까?

그녀는 무슨 이유인지 모르겠으나 누가 봐도 나를 망신주려고 했다. 더구나 내게 딱 맞았을 법한 구두를 내밀었다. 사실 그녀의 말이 맞다. 그녀 말대로 나는 열심히 뛴다. 그리고 여전히 통통하다. 물론 그렇다고 해서 나에게 그런 말을 해도 된다는 뜻은 절대 아니다. 하지만 그 자리에서 심층심리학적으로 대응하기에는 시간이 너무 부족했다. 3초는 넉넉한 시간이 아니다. 이럴 때 남은 방법은 단 하나, 바로 유머다.

유머, 이것이야말로 순발력의 근본을 쌓는 데 가장 중요한 석재이다. 자신을 웃음의 대상으로 삼을 수 없다면 애초부터 순발력을 배우려 시도할 필요도 없다.

그날 파티에 온 사람들은 내게 고마웠을 것이다. 그런 모욕을 유머로 대응하여 파티 분위기를 망치지 않았으니까. 다른 대안이 뭐가 있었을까? 생돈육 빵을 두 개씩이나 먹으면서 “제가 암 환자거든요”라고 말했더라면 어땠을까? 아마 다들 어떻게 반응해야 할지 몰랐을 것이고 분위기는 급속도로 어색해졌을 것이다.

그렇다. 자신을 웃음의 대상으로 삼을 수 있다면 순발력은 충분히 당신의 것이다.

중요한 것은 상대가 아니라 내가 무엇을 선택했느냐이다.

Lesson 10

분노를 그대로 두면 엉뚱한 곳에서 폭발한다

시어머니와의 이야기는 사실 뻔하지만 여성들을 대상으로 워크숍을 할 때마다 빠지지 않는 주제이다. 물론 세상에는 정말 좋은 시어머니도 많다. 나도 언젠가는 그런 시어머니를 발견할 날이 올 것이라 확신한다. 그때까지 우리 함께 이런 상황을 가정해보자. 내가 워크숍에서 만나본 참가자들의 이야기를 토대로 삼은 것이다.

페트라는 15년 전에 남편 프랑크와 결혼을 해서 두 아이를 두고 행복한 가정을 꾸리고 있다. 두 사람의 집은 시어머니인 헬가의 집과 500킬로미터 떨어져 있다. 그녀가 행복한 또 하나의 이유이다. 시어머니가 가끔 손주들을 보러 집에 오시는 날도 있다. 크리스마스 역시 이런 명절 중 하나이다. 사실 페트라와 시어머니는 자주 안 보는 데다, 관계가 썩 좋다고 하기는 어렵다. 아무리 그래도 가족이니 서로 최대한 조심한다.

시어머니는 결혼 전부터 만만치 않았다. 며느리가 성에 안 찬다는 내색을 자주 보였다. 페트라의 음식과 살림 솜씨를 트집 잡았고 페트라가 하는 일마다 사사건건 딴죽을 걸었다. 아이들이 태어난 후부터 관계가 조금 나아졌지만 아마 멀리 이사를 한 덕분일 것이다.

페트라는 프랑크가 나서서 적당히 중간 역할을 해주기를 바랐다. 시어머니가 말도 안 되는 트집을 잡으면 끼어들어 확실하게 못을 박아주기를 기대했다. "엄마, 그러지 마세요. 이 사람은 제가 사랑하는 여자예요. 존중해주세요"라고 말이다. 하지만 프랑크는 그러지 않았다. 아니, 그래야 하는 줄도 몰랐다. 사실 그렇게 하는 남자는 극소수에 불과하다. 엄마에게 반항하는 아들은 책 한 권을 쓸 정도로 숱한데도 말이다.

올해도 역시 페트라는 크리스마스 한 달 전부터 기분이 엉망이다. 시어머니가 또 무슨 트집을 잡을지 몰라 벌써 골치가 아프다. 눈치 없는 남편은 "당신 왜 그래?"라고 물으면서도, 아내가 한 달 동 안 스트레스성 복통에 시달린다는 사실을 전혀 몰랐다. 하지만 페트라는 아무 말도 안 했다. 프랑크가 알아서 눈치채주기를 바랐기 때문이다. 이것이 바로 남녀 관계의 영원한 딜레마다.

페트라는 소심한 성격이다. 보험 회사 직원인데 아이들이 태어난

다음부터 반일제로 일한다. 프랑크는 회사원이다. 겉으로 보면 페트라는 나무랄 데라고 전혀 없는 워킹맘이다. 남편과 아이들을 잘 보살피고 회사 일도 잘한다. 부지런하고 명랑하며 아이들 학교 일에도 적극적이고 요리도 잘하고 집안일도 훌륭하게 해낸다.

다만 오로지 자신에게만 시간과 정성을 들이지 않는다. 게다가 페트라에겐 치명적인 약점이 있다. 바로 거절을 못한다는 것이다. 누군가 도움을 청하면 그녀는 그 자리에서 승낙을 해버린다. 자신의 능력과 욕구는 무시하고 남들의 요구에 맞추어 산다. 그러다 보니 가족은 그녀에게 무심하다. 남편도 아이들도 무심하니 하물며 시어머니야 두말할 나위 없다. 모두가 그녀의 마음을 먼저 읽으려 하지 않는다.

결국 물통이 넘치는 순간이 온다

연말연시를 맞아 온 세상이 들뜬 분위기였지만 페트라는 그저 어떻게 해야 이 명절을 무사히 보낼 것인가를 두고 고민했다. 아무리 생각해도 최대한 시어머니의 비위를 맞추는 것이 가장 간단한 방법 같았다. 그래야 집안이 평화로울 테니 말이다. 게다가 크리스마스 아닌가. 온 세상의 평화를 기원해야 하는 날에 집안이 뒤숭숭해서는 안 될 일이다.

드디어 크리스마스이브가 되었다. 모든 준비가 끝났다. 거실에 커다란 트리를 세웠다. 장식은 원래 열두 살, 열네 살인 아이들 담당이었지만 큰아이는 벌써 사춘기인지 심드렁했다. 집 안은 파리가 낙상할 정도로 반들반들했고 장도 다 보았고 특별히 시어머니가 좋아하는 거위구이와 적양배추 절임도 완성해두었다. 페트라는 거위를 정말 싫어한다.

"얘들아, 잘 있었니?"

시어머니가 역까지 마중 나간 남편과 함께 집 안으로 들어섰다.

"할머니!"

애들이 달려나와 인사를 했다. 아주 반갑게. 하지만 딱 2초뿐, 얼른 자기들 방으로 사라졌다.

"어머니, 어서 오세요."

페트라는 다시 한 번 잘해보자고 마음을 다진다. 사람은 변하는 법, 작년에 시아버지가 돌아가셨으니 그사이 시어머니 역시 느낀 바가 많았을 거라 기대하면서.

"그래, 잘 있었니? 반갑구나."

시어머니가 페트라를 안고 뺨에 입을 맞추었다. 페트라는 좋은 쪽으로 깜짝 놀랐다. 평소 같으면 인사말부터 가시가 총총 박혀 있었을 텐데 오늘은 그렇지가 않은 것이……. 하지만 미처 이 생각이 끝나기도 전에 시어머니의 새된 목소리가 귓전을 때렸다.

"아휴, 너희는 이렇게 어질러놓고 잠이 오니? 신기하다, 신기해."

결국 거실로 발을 들여놓으면서부터 트집이 시작되고 말았다. 페트라는 아무 대꾸도 안 했다. 남편은 어머니의 가방과 외투를 챙기느라 방으로 들어가서 그 말을 미처 못 들었다. 페트라는 못 들은 척했다. 하지만 시어머니의 트집은 거기서 멈추지 않았다.

"어머, 이 트리 좀 봐. 정말 너희는 취향도 독특하구나. 뭐 그래도 초록색은 초록색이네."

페트라는 이번에도 아무 대답 안 했다. 하지만 저도 모르게 주먹을 불끈 쥐었다. 도착한 지 5분도 안 지났는데 벌써 두 번째다. 페트라는 시어머니를 바꿀 수 없다. 아무리 화가 나도 어쩔 수 없다. 그러나 지금이라도 늦지 않았다. 선을 긋기에 늦은 시점이란 없다. 물통이 넘치기 전에 물이 콸콸 쏟아지는 수도꼭지부터 잠가야 한다.

이대로 두면 페트라의 물통은 언젠가 넘칠 것이다. 올해가 될지, 내년이 될지, 언제가 될지 모른다. 결국 언젠가는 넘칠 것이고 그 순간 페트라는 폭발하고 말 것이다. 다만 그동안 꾹꾹 눌러온 탓에 이런 '폭발'이 그만큼 과도해진다는 것이 문제다.

앞의 이야기를 계속해보자. 저녁식사 시간, 모두가 식탁에 둘러앉았다. 페트라가 각자의 접시에 음식을 나누어주었다. 거위구이는 몇 시간 동안 오븐에서 잘 익었다.

"아, 난 됐다. 거위 싫어. 지난번에 너희 집에서 생선 요리 먹은 것도 탈이 나서 며칠 동안 고생했잖니."

똑! 마지막 물 한 방울이 떨어졌다. 기어코 물통이 넘치고 말았다.

너무나 갑작스러워 페트라 자신조차 깜짝 놀랐다. 그녀가 어머니에게 내밀었던 접시를 바닥에 획 내팽개쳤다. 사방으로 파편이 튀었다. 동시에 그녀가 비명을 질렀다.

"그만, 그만, 제발 그만 좀 하세요. 누가 어머니 비위를 맞출 수 있겠어요? 왜 나만 보면 못 잡아먹어 안달이세요. 아아악!"

평소에 그렇게 온순하고 얌전하던 페트라가, 그것도 크리스마스이브에 이 무슨 행패란 말인가! 다른 일을 하고 있던 프랑크가 허겁지겁 부엌으로 들어왔다.

"무슨 일이야?"

"마나님한테 여쭤봐라. 난 거위구이 주지 말라고 했을 뿐인데 저렇게 난리를 치는구나. 불쌍한 내 새끼들, 엄마가 자주 저러니?"

페트라는 심장마비를 일으키기 직전이었다.

"당신은 벙어리야? 뭐라고 말 좀 해."

그러나 프랑크는 누구의 편도 들지 않았다. 문제는 바로 이것이다. 시어머니는 이 상황을 별것 아닌 일로 치부하여 페트라를 괜한 일에 트집을 잡는 나쁜 여자로 만들었다. 남들이 볼 때는 크게 화날 일도 아닐 테지만 알고 보면 페트라의 분노는 몇 년에 걸쳐 차곡차곡 쌓인 것이다. 그 분노가 하필이면 지금, 크리스마스이브에 폭발했을 뿐이다. 하지만 안타깝게도 크리스마스이브를 망쳤다. 집안 분위기도 덩달아 험악해졌다.

가족과의 소중한 시간을 포기하고 내 감정을 소진해야 할 만큼 대단한 사람이 어디 있는가? 분노와 싸움은 독이다. 마음만이 아니라 몸에도 독이 된다. 그 독이 소중한 시간을 앗아간다. 나중에 저승에 가서 염라대왕을 붙들고 "평생 동안 화를 내느라 허비한 시간이 석 달이나 되니까 석 달 더 살게 해주세요"라고 하소연해봤자 아무 소용없다. 이미 다 지난 일이다.

페트라의 경우엔 심지어 크리스마스이브였다. 즐겁게 가족과 보내야 할 시간을 짜증과 분노로 허비했다. 시어머니와 남편을 원망하고 무능한 자신을 책망하면서……. 아이들도 계속 어른들 눈치만 보았다.

더 이상 상대의 감정이나 의도에 휘말리지 마라.

Lesson 11

선을 긋기에 늦은 때란 없다

페트라가 어떻게 했어야 옳았을까? 15년 전에 확실히 선을 긋는 것이 가장 좋은 방법이었을 것이다. 물론 그땐 그렇게 하지 못했다. 나이도 어렸고 경험도 자의식도 부족했다. 하지만 지금도 늦지 않았다. 다시 말하지만 선을 긋기에 늦은 때란 없다, 결단코. 아마 당신의 변화에 주변 사람들이 놀라고 당황할지도 모른다. 그러나 그건 당신이 고민해야 할 문제가 아니다.

이제 우리는 이런 장면을 상상해볼 수 있다. 시어머니가 온다는 소식을 듣자 페트라는 무슨 이유인지는 몰라도(아마 이 책을 읽었기 때문일 것이다) 올해는 다른 방식으로 대응하리라 결심한다. 일단 한 달 전부터 머리를 싸매고 고민하는 짓은 그만둔다. 저녁식사 메뉴도 시어머니가 아니라 자신이 좋아하는 음식으로 고른다. 그녀는 감자 샐러드를 좋아한다.

그러나 페트라는 물론이고 그 누구도 시어머니를 바꿀 수 없다. 우리가 할 수 있는 일은 시어머니의 행동에 화를 내거나 아니면 화를 내지 않기로 결심하는 것뿐이다. 시어머니는 여전할 것이다. 다만 페트라가 스스로 변하겠다고 선택할 수 있다.

"아휴, 너희는 이렇게 어질러놓고 잠이 오니? 신기하다, 신기해."

거실로 발을 들여놓자마자 시어머니가 잔소리를 시작한다. 눈빛과 말투에 무시하는 빛이 역력하다. 기회는 한 번뿐이다. 3초 안에 시어머니의 비난을 튕겨내야 한다. 속으로는 짜증이 나지만 페트라의 입에선 다정한 대답이 흘러나온다.

"신기하시죠? 그래도 잠이 너무너무 잘 오더라고요."

그 말에 프랑크가 풋 하고 웃는다. 시어머니는 웃지 않는다.

"어머, 이 트리 좀 봐. 정말 너희는 취향도 독특하구나. 뭐 그래도 초록색은 초록색이네."

시어머니는 또 이렇게 말한다. 잠깐 페트라의 심장박동이 치솟지만 그녀는 마음속 방패를 떠올린 후 그것을 치켜들고 이렇게 반박한다.

"네, 글쎄 핑크색 트리가 다 팔리고 없길래요."

농담이 섞인 듯하면서도 진지한 자신의 대답에 시어머니 표정이 굳어지자 페트라는 속으로 쾌재를 부른다. 세상에서 제일 지적이고 순발력 있는 대답은 아닐지 몰라도 어쨌든 대답을 했다. 주먹을 불끈 쥐고 온몸을 부들부들 떠는 대신 물통에 넘실거리는 물을 조용히 흘려보냈다.

상대를 바꿀 수는 없다, 그러나 나는 바꿀 수 있다

더 중요한 것은 페트라의 변화이다. 기분이 무지무지하게 좋다. 뭉클한 감동이 밀려온다. 피하거나 얼버무리지 않고 한마디씩 대답할 때마다 자의식이 솟구친다. 당연히 시어머니는 당황할 것이다. 며느리가 왜 저러지? 못 먹을 것을 먹었나? 10년 동안 말대꾸 한번 못하던 아이가 갑자기 왜 저럴까? 시어머니의 머릿속에 수많은 생각이 스쳐 지나갈 테지만 그건 중요하지 않다. 구체적으로 무슨 생각인지도 별로 알고 싶지 않으니까 그만 패스! 그리고 그날 저녁, 식탁에서 시어머니는 오늘의 하이라이트 공격을 날린다.

"감자 샐러드네. 나쁘지는 않지만 난 안 먹는 게 좋겠구나. 먹고 나면 항상 마요네즈가 부대껴서. 괜찮지?"

페트라는 두 번의 연습을 통해 이미 상당한 용기를 얻었다. 그러나 만약의 사태를 대비하여 아직 방패를 치우지 않았다. 그녀의 입에서 곧바로 대답이 튀어나온다.

"그러세요, 그럼. 이따 후식 같이 드시면 되죠."

시어머니의 표정은 당신의 상상과 크게 다르지 않을 것이다. 페트라의 덤덤한 반응에 틀림없이 실망하여 아무도 안 볼 때 슬쩍 포크로 감자 샐러드를 떠서 맛볼 것이다.

위 상황에서 정확히 페트라의 무엇이 달라진 것일까? 마음의 자세가 바뀌었다. 그녀는 물통의 마개를 열어 넘실대는 물을 흘려보냈다. 시어머니의 감정이나 의도에 휘말리지 않았다. 행복한 명절에 가족과 함께 즐거운 시간을 보내고 싶었기 때문이다. 그녀는 대화의 초점을 이동하였다. 시어머니가 동참하건 안 하건 그것은 그녀의 문제이다. 예의를 잃지도, 싸움을 벌이지도 않았지만 페트라는 선을 확실히 그을 수 있음을 보여주었다.

자신이 받아 마땅한 존중을 당당하게 요구하라.

Lesson 12

피해자 역할을 박차고 나와라

앞서 등장한 좀 뻔한 사례에서 주인공 페트라가 고도로 복잡하고 지적인 기술을 사용한 것은 아니다. 다만 이제껏 꾹 다물고 있던 입을 열어 대답했을 뿐이다.

당신은 지금 분명 이런 생각을 할 것이다. '아무리 대답이 하고 싶어도 생각이 나야 하지.' 맞다. 문제는 재능이다. 이 세상에는 창의성을 타고난 사람이 있는가 하면 도무지 창의적이지 못한 사람도 있다. 그럼에도 불구하고 우리 머리와 마음에 여유가 있다면 재능을 떠나 자유롭게 대답이 떠오르기 마련이다. 중요한 것은 대응을 한다는 사실 그 자체이다. 무엇이든 대답을 하는 것 말이다. 이는 곧

'피해자의 역할'을 박차고 나온다는 뜻이며, 상대가 던진 뜨거운 감자를 그대로 상대에게 되돌려준다는 뜻이다.

페트라는 시어머니 때문에 짜증을 내지 말자고 결심했다. 시어머니가 공격할 수 있는 여지를 주지 말자고 생각했다. 그럴 수 있으려면 앞에서도 보았듯 마음속 방패를 높이 치켜들어야 하고 누구보다 자신을 사랑해야 한다.

자신에게 당당하라. 자신의 가치관, 자신의 대응 방식을 믿어라. 당신은 멋진 엄마이자 아내이다. 시어머니는 당신을 가족으로 맞이하게 되었음을 기뻐해야 마땅하다. 자신이 받아 마땅한 존중과 존경을 당당하게 요구하라.

이런 깨달음에 이르렀다면 당신의 자세는 자연스럽게 변할 것이다. 허리는 꼿꼿하게 펴지고 지금과는 전혀 다른 기분이 들 것이다. 그리고 다시 한 번 생각의 변화가 일으키는 선순환을 확인할 수 있을 것이다. 자신을 사랑하고 진정성 있는 삶을 살면 공격을 막아줄 방패는 절로 생겨날 테니 말이다.

중요한 것은 대응한다는 사실 그 자체이다

앞으로 두 번 다시 언어 공격의 '피해자'가 되지 않으려면 바로 이런 자세가 중요하다. 이 세상엔 선뜻 공격할 엄두가 나지 않는 사정확히 페트라의 무엇이 달라진 것일까?

마음의 자세가 바뀌었다.

그녀는 물통의 마개를 열어 넘실대는 물을 흘려보냈다.

시어머니의 감정이나 의도에 휘말리지 않았다.

행복한 명절에 가족과 함께 즐거운 시간을 보내고 싶었기 때문이다.

그녀는 대화의 초점을 이동하였다.

시어머니가 동참하건 안 하건 그것은 시어머니의 문제이다.

람들이 있다. 뭔가 단호한 분위기를 뿜어내기 때문이다. 공포를 조장하여 남들이 벌벌 떠는 무서운 사람이 되라는 말은 아니다. 그럼 아무도 당신과 이야기하지 않을 테니 순발력을 발휘할 필요도 없다.

나는 당신에게 상대에게 호감과 신뢰를 주는 카리스마를 갖추라고 권하고 싶다. 자신만의 '타입type'이 되어라. 그리고 그것에 당당하라. 남의 마음에 들지 말지 고민하지 않고 자신이 원하는 대로 살아도 된다. 왜 그런 사람들 중엔 남자가 더 많은지 안타까울 뿐이다.

나만의 타입이 되기 위해 굳이 남들보다 키가 크거나 작거나 뚱뚱하거나 날씬하거나 예쁘거나 안 예쁠 필요는 없다. 그 누구도 아닌 나만의 타입이기만 하면 된다. 자신에게 충실하고 고정관념에 휘둘리지 않으면 된다. 장담하건대 이런 사람들을 향해 언어 공격을 감행할 사람은 그리 많지 않을 것이다. 자신에게 당당한 자세가 그들에게 광채와 용기를 선사하여 자연스럽게 카리스마를 드러내기 때문이다.

여성들은 쉽게 주류가 정한 기준에서 벗어나지 못한다. 이유가 뭘까? 강물을 거스를 용기가 없기 때문일까? 고정관념의 틀을 따르는 것이 편하기 때문일까? 이유가 무엇이든 참으로 안타까운 일이 아닐 수 없다. 나만 해도 주변에 그런 여성들이 숱하다. 자신만의 타입을 개척할 수 있는 능력이 충분하면서도 그러지 못하는 여성들. 왜 우리에겐 나만의 타입이 될 용기가 없는 것일까? 왜 우리는 모나고 까칠한 사람보다 완벽한 사람이 되길 바라는 것일까?

주류의 기준보다는 자신의 가치관을 따르는 자세가 필요하다. 그 전에 우선 자신의 가치관을 인식해야 한다. 당신에겐 무엇이 중요한가? 남들로부터 존중받고 싶은가? 내 의견이 존중받았으면 좋겠는가? 당연하다. 다만 그전에 당신에게 의견이란 것이 있는지 돌아봐야 한다.

주변을 둘러보라. 자신을 살펴보라. 의견이란 것이 전혀 없는 사람들이 의외로 많다. 많은 이들이 자신의 의견을 남들의 손에 맡긴다. 부정확한 정보를 주는 TV 프로그램과 사람들의 소문, SNS와 인터넷……. 이런 잡동사니 더미 속에서 의견을 찾아내고 그것이 자신의 것이라 믿는다. 단 1초도 스스로 고민해보지 않은 채.

물론 나름의 의견을 가지고 싶어도 배경지식이 부족하여 그러지 못하는 경우도 많다. 하지만 진심으로 관심을 가지는 사안이라면 조금이라도 노력을 기울여 얼마든지 필요한 정보를 알아낼 수 있다. 인터넷 검색이나 페이스북 포스팅으로 쉽게 얻어낸 정보가 아니라 전문적인 자료를 통해 신중하게 얻어낸 진짜 정보 말이다. 그러고 나면 한 걸음 물러서서 혼자 힘으로 평가를 내릴 수 있을 것이다. 나는 이 문제를 어떻게 보는가? 나는 어떤 입장인가?

지금부터 아래 질문의 답을 고민해보자.

• 나는 무엇을 중요하게 생각하는가?

- 나의 가치관은 무엇인가?
- 나의 취미는 무엇인가?
- 내가 잘 알고 있는 분야는 어떤 것인가?
- 내가 좋아하지 않는 것들은?

아마 답을 찾기까지 상당한 시간이 필요할 것이다. 그러나 이는 매우 바람직한 시간이다. 우리가 언제 우리 자신에 대해 이렇게 열중하여 고민한 적이 있었는가? 자신이 누구인지를 알면 자신이 무엇을 옹호하고 반대하는지도 알 수 있다. 대부분의 사람들에겐 자신 있는 분야가 있다. 남들보다 잘할 수 있고, 잘 아는 분야가 있다. 박식해서 나쁠 것이 없다. 순발력도 알아야 써먹을 수 있다.

물론 어떤 상황에서도 잊지 말아야 할 사실은 있다. 상대에게 받고 싶은 대로 주라. 준 대로 되돌려 받을 테니. 페트라는 그날 자신이 무엇을 원하는지, 무엇을 지지하는지 분명히 깨달았다. 그녀가 바라는 것은 행복하고 화목한 가정이다. 가정을 지키기 위해서라면 그 어떤 갈등도 두려워하지 않는다. 그녀는 평소 꼼수를 싫어한다. 생각을 솔직하게 표현하는 것이 가장 바람직한 소통 방법이라고 여긴다. 더불어 아이들에게 늘 다른 사람을 존중하라고 가르쳐왔다. 자신의 생각을 정리한 후 그녀는 다음과 같은 결론을 내렸다.

더 이상 모욕을 참지 않기로 결심했다

상대가 진심으로 던진 말에는 진심으로 응대하지만 불합리한 비난은 못 들은 척 다른 말로 받아넘길 수 있다. 사실 이 정도로 대응을 하면 대부분의 상대는 사태를 파악하고 입을 다물지만 안타깝게도 페트라의 시어머니는 거기서 멈추지 않았다.

더 이상 부당한 비판을 참지 않기로 했다

시어머니가 괜히 크리스마스트리에 트집을 잡자 페트라는 정색을 하는 대신 말도 안 되는 대답으로 시어머니의 말문을 틀어막았다. 이런 경우에도 말투가 중요하다. 진심인 듯 심각한 말투로 "네, 글쎄 핑크색 트리가 다 팔리고 없더라고요"라고 한다면 아마 옆에 있던 사람들 모두가 웃음을 터트리고 말 것이다.

더 이상 화를 내지 않기로 했다

페트라는 이제 화를 내고 싶지도 않았다. 시어머니가 무슨 이유로 식사를 거부하건 그건 페트라의 문제가 아니기 때문이다.

"널 사랑해. 하지만 날 더 사랑해."

- 미국 드라마 <섹스앤더시티 Sex and the City>중에서¶

Lesson 13

나는 왜 이런 사람들을 참으며 살았을까?

앞서 자신을 사랑하는 방법과 관련된 연습 문제를 냈었다. 친구들과 그 문제에 답해보았는가? 그랬다면 당신은 이제 왜 당신이 사랑과 존중을 받을 만한 사람인지 충분히 알고 있을 것이다. 진심으로 그러길 바란다. 그 이유를 알아야 자존감의 밑바탕이 되는 깨달음을 얻을 수 있기 때문이다.

그 깨달음이란 바로 이것이다. '나는 절대 부당한 대접을 받을 만한 사람이 아니다. 그 누구도 나한테 함부로 말해서는 안 된다. 오늘도, 내일도, 그 어떤 날도 안 된다.' 그렇다. 우리는 모두 괜찮은 사람이고 능력 있는 사람이다. 나 자신을 예로 들어보자. 나는 요가가 끝나면 세상 그 누구보다 요가 매트를 잘 정리한다. 세상 그 누구보다 빨리 매트를 치울 수 있다.

당신 스스로 마음의 선을 그어라. 어디부터가 모욕이고 어디까지가 감내할 수준인지는 당신이 정해야 한다. 나는 개인적으로 한계선이 아주 넓다. 웬만한 공격은 너끈히 막아낼 수 있기 때문에 널찍하게 울타리를 둘러쳐도 상관없다. 또 나는 아무 구두나 덥석 신지 않는다. 모든 부당한 공격에는 주저 없이 맞받아친다. 하지만 모든 공격에 죽자 살자 덤비지는 않는다. 남을 비판하려면 먼저 남의 비판을 받아들일 줄도 알아야 하기 때문이다.

누군가 선을 살짝 넘었다고 해서 당장 성급하게 반응할 필요는 없다. 많은 이들이 순발력으로 대처하는 반응과 삐치는 감정에서 비롯된 반응을 잘 구분하지 못한다. "뭐 그쪽에서 그렇게 말한다면 어쩔 수 없지", "너나 잘해" 같은 말은 순발력 있게 받아친다기보다 모욕감 때문에 화를 낸다는 인상을 더 강하게 풍긴다.

쿨하게 대처하라. 화가 났다는 사실을 상대에게 드러내면 이미 진 것이다. 독일 작가 하인리히 뵐Heinrich Boll은 이렇게 말했다. "예의는 경멸의 가장 안전한 형태이다." 확실한 견해가 있으면 힘없는 깃발처럼 가벼운 역풍에도 쉽게 부러지지 않을 것이다. 하지만 가치관이나 견해가 함부로 선을 넘는 사람들을 전부 다 막아주지는 못한다. 계속해서 선을 넘는 사람들이 주변에 있다면 자신을 탓할 것이 아니라 전혀 다른 질문을 던져야 한다. '왜 아직 이런 사람들이

내 인생에 남아 있을까?'

• • • • • • • • •

계속해서 선을 넘는 사람들이 있다면

어느 날 갑자기 암 선고를 받는다면 정신이 번쩍 들지도 모른다. 나는 왜 여태 이따위 사람들을 참으며 살았을까? 이런 후회가 밀려들지 모른다. 하지만 굳이 그런 운명의 장난이 찾아올 때까지 기다려야 할 이유가 무엇인가? 어차피 마지막 순간까지 내 곁에 남을 사람은 극소수에 불과하다. 그리고 모든 작별은 어느 정도의 해방감을 동반하는 법이다. 계속해서 선을 넘는 사람들이 있다면 이런 방법을 써보자.

허심탄회하게 말한다

인간관계가 중요하다고 생각한다면 상대와 솔직하게 이야기를 나누는 것이 좋다. 다만 둘만의 자리여야 한다. 절대 다른 사람들이 끼어들어선 안 된다. 둘이서 침착하게, 공격성을 배제한 채 소통을 시작한다. 흥분하지 말고 다음 4단계를 지켜야 한다. 첫째 여태까지 관찰한 내용을 설명한다. 둘째 그것을 바탕으로 당신의 감정을 표현하고, 셋째 당신의 욕구를 표현하며, 넷째 정중한 부탁으로 대화를 마무리한다. 예를 들면 이렇게 말할 수 있다.

"내가 보기엔 네가 나한테 화가 난 것 같아. 그래서 무척 마음이 무겁고 슬퍼. 우리가 다시 예전처럼 사이좋게 지낼 수 있었으면 좋겠어. 우리 한번 터놓고 대화를 나누어보면 어떨까?"

실제로 이 방법이 좋은 선택일 수도 있다. 상대가 문제를 전혀 인식하지 못하고 있었다면 당신의 말을 듣고 관계가 달라질 수 있기 때문이다.

반박한다

앞서 페트라의 사례에서 살펴본 대로 하면 된다. 피하고 싶지 않다면 상대를 향해 깃발을 쳐들고 맞받아치는 것이다.

작별을 고한다

관계를 끝내는 건 안 된다고? 어떻게 그러냐고? 이롭지 않은 사람과는 헤어지는 편이 낫다. 거창한 인사도 필요 없다. 혹여나 이유를 묻거든 "내 인생을 너와 함께 보내고 싶지 않아"라고 말하면 그뿐이다. 우리 모두가 그러하듯 당신에게 주어진 시간은 한정적이다. 굳이 그 시간이 끝날 때까지 기다릴 이유가 무엇인가? 애써 모든 사람을 좋아할 필요는 없다. 길은 언젠가 다른 방향으로 갈라지게 되어 있다.

방패를 들고 있으면 더 간단하게 해결된다. 당신이 자신을 좋아하면 더더욱 간단해진다. 당신은 괜찮은 사람이고 능력 있는 사람이다. 잘나가는 직장인이고 사랑하는 가족이 있으며 즐거운 명절을 보낼 권리가 있다. 트리도 아름답게 꾸몄고 맛있는 감자 샐러드도 만들었다. 그 가치를 남들이 어떻게 평가할 것인가는 당신이 고민할 문제가 아니다.

페트라를 통해 우리는 어떤 일을 바라보는 자세 하나만으로도 상황을 정반대로 바꿀 수 있다는 사실을 확실히 깨달았다. 시어머니는 변하지 않았다. 남편도 변하지 않았다. 변한 것은 상황을 대하는 페트라의 자세뿐이다.

예를 들어 무지막지하게 비싼 골동품 화병을 깼다고 가정해보자. 아무리 화를 내도 깨진 화병을 원래대로 붙일 수는 없다. 화병은 여전히 깨진 상태이다. 그것은 어쩔 도리가 없다. 그러나 당신의 기분은 달라질 수 있다. 당신의 생각, 관점, 자세에 따라.

당신은 누구의 마음에 들고 싶은가

당신이 진짜로 어떤 사람인지를 알아야만 자신에게 충실한 것이 얼마나 보람 있는 일인지 알 수 있을 것이다. 내 말을 믿어라. 자신에게 충실하면 그만큼 보람이 있을 것이다. 안타깝게도 여성들은, 심지어 젊은 여성들조차 상대에게 자신을 맞추는 데 더 익숙하다.

남자친구가 축구 팬이라고? 축구, 좋지! 토요일에 할 일 없으면 나는 절대 부당한 대접을 받을 사람이 아니다.

나는 괜찮은 사람이고 능력 있는 사람이기 때문이다.

그 누구도 나한테 함부로 이야기해서는 안 된다.

오늘도, 내일도, 그 어떤 날도 안 된다.

무조건 같이 경기장으로 가면 된다! 남자친구가 담배를 피운다고? 좀 피우면 어때? 사실 나도 담배 냄새 별로 싫어하지 않는다고 쿨하게 말해주면 그만이다. 남자친구가 미술품을 수집한다고? 오, 미술품! 정말 고상하지 않아? 나도 이참에 수준을 좀 높여봐야겠다.

우리 여자들은 마음에 들고 싶어 한다. 자신보다는 남들의 마음에. 미국 드라마 〈섹스앤더시티〉의 한 장면이 떠오른다(사실 주인공 캐리는 늘 남자들에게 맞춰주는 여자다). 사만다와 젊은 모델 남친이 등장하는 장면이다. 두 사람은 오래전부터 함께 살았는데, 사만다는 연인과 함께하는 멋진 해변가 집에서의 완벽한 삶을 견디기 힘들어 한다. 끝내 그녀가 이별을 통보하자 남친은 그녀에게 묻는다.

"날 사랑하지 않는 거야?

사만다는 대답한다.

"널 사랑해. 하지만 날 더 사랑해."

내가 생각하는 최고의 장면이다. 사만다는 자신의 정체성을 남자 때문에 포기하고 싶지 않았다. 자신에게 충실하기로 선택했고 그 대신 사랑을 버렸다. 가혹하지만 철저하고 그만큼 감탄스러운 결단이 아닐 수 없다.

우리 여성들은 소통을 하면서 동시에 관계를 가꾼다. 대부분 감정의 차원에서 움직인다. 나보다 주변 사람들이 먼저 행복하길 바란다. 그렇지 않으면 고민에 빠진다. 내가 뭘 잘못했지? 우리는 대화의 행간을 읽으며 해석하고 분석한다. 반면 남자들의 소통 방식은 거의 객관적 차원에 머무른다. 남자들이 언어 공격에 여성과 전혀 다른 방식으로 대응을 하는 이유도 바로 이것이다.

사실 앞서 다룬 이 모든 것을 하루아침에 배울 수는 없다. 인생사가 다 그렇듯 순발력을 발휘하여 해야 할 말을 제대로 할 수 있기까지 꾸준히 연습이 필요하다. 오늘 나는 당신의 머릿속에 그 찬란한 열매의 씨앗을 뿌렸을 뿐이다. 이제 물을 주고 가꾸어 결실을 거두어들일 사람은 당신이다. 매일 조금씩 가꾸어라. 그리고 연습하라.

3부에서는 구체적인 실제 상황 속에서 세상의 공격에 대처하는 대화의 기술에 대해 자세히 살펴보기로 하자.

걸핏하면 당신을 괴롭히는 사람이 주변에 있는가? 그런 일을 당하면 어떤 기분이 드는가?
그땐 왜 그랬는지 모르겠지만 누구에게나 아무 말도 못 하고 꼼짝없이 당했던 순간이 있을 것이다. 그 기억으로 며칠이나 가슴앓이를 했던가? 며칠이 아닐 수도 있다. 몇 주나 몇 년도 얼마든지 가능하다.

이 책은 순발력 있게 맞받아치는 기술을 알려줄 것이다. 그러나 이 책이 절대 가르쳐줄 수 없는 것이 있다. 바로 용기이다. 용기는 당신 혼자 힘으로 끌어내야 한다. 하루아침에 되는 일은 없다. 하지만 조금씩 용기를 내어 선을 긋는다면 언젠가는 지금보다 훨씬 큰 용기를 내어 무엇이든 할 수 있을 것이다. 부드럽지만 단호한 저항이 얼마나 유익한지 이제 직접 경험해볼 시간이다.

실전 대화 기술:

나는 이제 **참지 않고** 말하기로 했다

우리에게는 무엇보다도 '쉽게 상처받지 않는 단단한 마음'이 필요합니다.

- 베스테-포프마 Beste-Fopma, 잡지 <LOB> 발행인¶

Action 01

쉽게 상처받지 않는 단단한 마음이 필요하다

면접 방식이나 상황은 모집하는 직급이나 회사에 따라 각기 다르기 때문에 모든 면접에 통하는 비법은 있을 수 없다. 그런데 우리 여성들에겐 비법은커녕 공통의 어려움이 있다. 높은 직급의 남성 면접관들에게 불려가서 30년 전이나 다름 없는 성차별적인 질문들을 받을 때면 누구나 휘청거릴 수밖에 없기 때문이다.

예전에 대형 출판사 입사 시험에 2차까지 합격하여 최종 면접을 본 적이 있다. 그날 나는 출근하면 살림은 어떻게 할 것이냐는 질문을 받았다. 당시 나는 그 질문을 까다로운 고객을 만났을 때 어떻게 대처하는지를 살펴보기 위한 테스트인 줄로만 알았다. 어쨌든 어려운 취업 관문을 2차까지 통과한 만큼 채용될 확률도 높은 터였다. 그래서 나는 이렇게 되물었다.

"남성 지원자들에게도 같은 질문을 하시나요?"

그러나 그건 테스트가 아니었다. 결국 나는 최종 면접에서 탈락했다. 하지만 그다지 후회하지 않았다. 당신이라면 그런 사고방식을 가진 회사에서 일하고 싶은가? 나는 아니다.

독일에서 여성이 일을 하겠다고 스스로 결정할 수 있게 된 것은 1977년이다. 그전까지는 '혼인 및 가정의 의무'와 직업을 조화롭게 병행할 수 있을 때에만 일을 하는 것이 가능했다. 물론 병행할 수 있을지 판단하는 최종 결정권자는 남편이었다. 고용보호법을 정하여 직장 내 성추행을 처벌할 수 있게 된 것도 1994년부터이다.

본론으로 돌아가서, 당신이 그런 면접 자리에 앉아 있다고 상상해 보자. 앞에는 사장과 간부들이 앉아 있고 분위기도 그럭저럭 괜찮다. 사장이 당신의 서류를 살피더니 이렇게 묻는다.

"아, 자녀가 한 명이군요. 몇 명 더 낳을 생각이에요?"

두둥!

당신은 진퇴양난에 빠진다. 당연히 그런 질문은 불법이다. 하지만 법이 금하였다고 해서 그런 질문이 사라지지는 않는다. 물론 당신은 "그런 질문은 불법입니다"라는 따끔한 질책으로 사장이 정신을 차리도록 만들 수도 있다. 하지만 그보다 훨씬 우아하고 매끈한 방법도 있다.

품위를 잃지 않고 선을 긋는 법

이 문제를 주제로 삼아 직장인 부모를 대상으로 하는 잡지 〈LOB〉의 발행인 베스테-포프마Beste-Fopma 선생과 대화를 나누었다. 나는 이런 사례가 과연 일반적인 문제인지를 알고 싶었다.

나 선생님, 벌써 5년째 잡지를 내고 계시는데, 제가 말씀드린 이런 사례가 실제로도 일반적인지, 아니면 저만의 억지 주장인지 알고 싶습니다.

베스테-포프마 안타깝지만 이런 문제는 다분히 우리의 현실입니다. 저도 여러 입사 면접에서 그런 질문을 숱하게 받아보았습니다. 우리 잡지의 독자들도 그런 경험담을 많이 들려주시고요. 저의 경우 출근한 동안 애들은 어떻게 할 것이냐는 질문을 받았을 때 이렇게 대답했습니다. "장롱에 가두었다가 퇴근한 다음에 꺼내줄 겁니다." 당연히 탈락이었죠.

솔직히 말해 저는 그사이 세월이 많이 흘렀으니 사람들도 변했을 것이라고 믿었습니다. 하지만 현실은 여전합니다. 그런 질문을 하지 않는 기업이 드물 정도니까요. 그런 질문을 하지 않으려면 가족 친화적인 기업 문화가 조성되어야 합니다. 물론 대부분의 기업이 가족 친화적 복지 정책을 강조하지만 그건 그저 법망을 피하기 위한 가림막에 불과하지요.

솔직히 터놓고 말해보죠. 겉으로만 가족 친화적인 척하는 그런 기업에서 누가 일하고 싶겠습니까? 가정과 직장 생활을 조화시키고자 하는 사람에게는 가족 친화적인 문화를 실천하는 기업이 필요합니다. 다들 힘들겠지만 실망 말고 조금만 더 두 눈 부릅뜨고 찾아봅시다. 머지않아 그런 기업을 발견할 수 있을 겁니다. 면접만 해봐도 금방 구별이 되지 않겠습니까?

그리고 사실 그따위 불법 질문에는 거짓 대답을 한들 무슨 대수겠습니까? 한 여성 독자는 그런 질문을 받고서 일부러 이렇게 대답했다고 합니다. "저로서는 정말 어려운 문제입니다. 그래서 자식을 낳지 않을 예정입니다." 그렇지만 그녀는 당당하게 임신을 했고 그 이후에 벌어진 이야기는 뭐 각자의 상상에 맡기겠습니다.

나 여성들이 순발력을 조금 더 키울 필요가 있다고 보십니까?

베스테-포프마 아, 물론이죠. 그러자면 무엇보다도 '쉽게 상처받지 않는 단단한 마음'이 필요합니다. 세상만사를 조금 더 게임처럼 생각할 필요도 있습니다. 치고받고 한 판 크게 언쟁을 벌인 후에는 상대와 맥주 한잔하며 풀 줄도 알아야 하겠고요. 별일 아닌 것에 상처받지 않고 상대의 말을 인신공격으로 받아들이지 않으면 순발력 있는 대응도 훨씬 잘할 수 있을 겁니다.

그렇다면 구체적인 방법을 알아봐야 할 차례다.

"아, 자녀가 한 명이군요. 몇 명 더 낳을 생각이에요?"

앞에서도 말했듯 면접에서 이런 질문을 받는다면 꼭 대답을 할 필요가 없다. 논리적인 대답은 필수가 아니라는 뜻이다. 대신 한 귀로 듣고 한 귀로 흘리기 기술을 이용하여 진짜로 당신이 하고 싶은 이야기로 쓱 넘어갈 수 있다. 한번 살펴보자.

SKILL 01

한 귀로 듣고 한 귀로 흘린다

이 기술을 이용했을 때 당신은 이렇게 대답할 수 있다.

"몇 명 낳을지는 연봉에 달렸겠죠. 아, 기왕 이야기가 나왔으니 연봉에 대해 여쭤보고 싶습니다."

여기서도 '아 다르고 어 다른' 법이다. 소설가 조지 버나드 쇼George Bernard Shaw는 말했다.

"어조가 올바르면 모든 이야기를 할 수 있지만 그르면 아무 말도 할 수 없다."

이 기술의 장점은 내용 없는 대답을 던져서 대화의 흐름을 핵심 주제로 되돌린다는 데 있다. 질문은 흘려듣고 대답은 팩트에 집중한다. 따지고 보면 이 자리는 면접장이지 가족 계획 연구소가 아니지 않은가. 사장이 괜찮은 사람이라면 웃고 넘어갈 것이다. 그렇지 않다면 꼭 이런 곳에서 일을 해야 할지 다시 한 번 고민하길 바란다.

'면접'은 다른 상황에 비해 유리한 점이 많다. 미리 준비를 할 수 있으니까 말이다. 다행히 최선의 경우라면 그런 질문은 아예 받지 않을 것이고 최악의 경우라면 준비한 대로 대답하면 될 것이다.

SKILL 02

속담이나 명언을 활용한다

굳이 머리를 짜서 새로운 속담을 발명해야 할 필요는 없다. '하늘 아래 새로운 것은 없다'고 헤겔Hegel 선생님도 말씀하셨다지 않은가. 나보다 똑똑한 사람들이 내뱉은 수없이 많은 명언과 속담들이 지천에 널려 있다. 골라내기만 하면 된다. 당연히 약간의 연습은 필요하다. 지금 이 순간 떠오르는 속담이나 명언이 있는가? 있으면 적어보자.

워크숍에서도 처음엔 머리를 쥐어짜면서 "하나도 생각이 안 나요!"를 외치던 참가자들이 15분만 지나면 도중에 멈출 수가 없을 정도로 온갖 속담을 쏟아낸다. 물론 모든 공격에 이런 명언이나 속담을 써먹으라는 말은 아니다. 하지만 아무 생각도 안 날 때 멍하니 입을 벌리고 상대를 쳐다보는 것보다는 무슨 말이라도 하는 쪽이 낫다. 그럴 때 외워둔 이런 구절을 툭 던지는 거다. 쿨하게.

- 남의 흉이 한 가지면 제 흉은 백 가지.

- 웃느라 한 말에 초상난다.
- 백짓장도 맞들면 낫다.
- 도끼 든 놈보다 바늘 든 놈이 세다.
- 서툰 도둑이 첫날 밤에 들킨다.
- 웃는 얼굴에 침 못 뱉는다.
- 말 한마디로 천 냥 빚을 갚는다.
- 일찍 일어나는 새가 벌레를 잡아먹는다.
- 침묵은 금이다.
- 머리가 비면 끄덕이기도 쉽다.
- 인생사 새옹지마.
- 모진 놈 옆에 있다 벼락 맞는다.
- 하늘이 무너져도 솟아날 구멍은 있다.

앞서 등장한 면접의 사례에서 활용해보면 어떨까? 사장님은 여전히 맞은편에 앉아서 당신이 아이를 몇 명이나 더 낳고 싶은지 물어본다. 이 기술을 활용한 당신의 대답은 아마도 이럴 것이다. 참고로 이건 워크숍 참가자의 아이디어로 나온 그녀만의 명언이다.

"하늘의 뜻을 제가 어찌 알겠어요."

천천히, 신중하게, 상대의 눈을 똑바로 쳐다보며 말하라. 그리고 말이 끝나면 살짝 웃어보자.

SKILL 03

아이러니로 유쾌하게 맞받아친다

내가 만약 면접에서 위와 같은 질문을 받았다면 나는 아이러니로 받아쳐 대답했을 것이다. 하지만 이 기술을 활용하자면 무엇보다 자신감이 있어야 한다.

'아이러니irony'는 고대 그리스어에서 나왔고 '위장', '눈속임'이라는 뜻이다. 실제 생각과는 반대되는 말을 써서 효과를 보는 수사법이기도 하다. 위의 경우 아무것도 모르는 척 글자 그대로 질문을 해석하여 다음과 같이 대답해볼 수 있다.

"이 회사에 다니려면 몇 명을 낳아야 하나요?"

대답의 내용이 뾰족할수록 말투는 부드러워야 한다. 당신이 원하는 것은 뻔뻔하고 까칠한 인상이 아니라 순발력 있고 유머러스한 인상이다. 사방으로 들이받아서 초토화된 전쟁터를 보고 싶은 것이 아니다. 품위를 잃지 않으면서도 효과적으로 선을 긋고 싶은 뿐이다. 상대에게 아이러니를 이해할 머리가 있다면 무슨 뜻인지 알아들을 것이다. 물론 이런 순발력은 유머와 기술만으로 되는 것이 아니다. 상당한 용기가 필수이다.

역공은 연습만 하면 누구나 실행 가능하다.

Action 02

상대가 날린 화살을 그대로 돌려주라

살다 보면 누구나 머릿속이 하얘지는 순간이 있을 것이다. 상대가 저런 말을 할 줄 상상도 못했기에, 혹은 상대의 입에서 나온 말이 하도 어이가 없기에 아무 생각도 나지 않아 멍하니 바라만 보게 되는 순간 말이다.

아프고 난 직후 탱탱한 가짜 가슴을 달고서(저자는 유방암으로 가슴 절제 수술을 받았다-역주) 쇼핑을 하러 갔다. 예전에 입던 수영복이 불편해져서 새 수영복을 살 생각이었다. 눈에 불을 켜고 열심히 뒤진 덕분에 마음에 드는 원피스 수영복을 찾아냈다. 어깨가 훤히 드러나고 가운데에 끈이 두 개 달려 있어서 목 뒤로 묶는 스타일이었다. 와우, 입어보니 딱 맞았다. 예전 가슴이었다면 안 어울렸을 텐데 완전 끝내줬다. 판매 직원이 나에게 다가오더니 물었다.

"마음에 드세요?"

"네, 마음에 들어요."

나는 행복한 미소를 날렸다. 생각보다 빨리 괜찮은 물건을 발견해서 기분이 좋았다. 그런데 직원이 고민된다는 듯 얼굴을 찌푸리며 내 항암 포트 자국을 쳐다보았다(항암 포트는 항암제를 주사하기 위해 몸에 삽입하는 관이다. 나의 경우는 쇄골 바로 옆에 약 5센티미터 정도의 흉터가 생겼다).

"그런데 저 부분이……."

그녀가 집게손가락으로 흉터를 가리키며 말했다.

"……안 가려지네요. 보기가 안 좋아요."

대단한 직원이다. 자기 가게에서 물건을 골라 행복에 겨운 손님을 불과 0.3초 만에 천국에서 지옥으로 보내버렸다. 곧바로 내 입에서 대답이 튀어나왔다.

"저기요. 저도 이 부분이……."

나는 똑같이 고민된다는 표정을 지으며 집게손가락으로 그녀의 입을 가리켰다.

"……보기가 안 좋은데요, 가리면 안 될까요?"

그 직원이 어떤 표정을 지었을지는 여러분의 상상에 맡기겠다. 정말이지 나는 그 멋진 하루를 한 사람 때문에 망치고 싶지 않았다.

내가 그날 즉흥적으로 사용한 기술을 '역공'이라고 부른다. 방법은 무척 간단하다. 상대가 한 말을 화살 끝의 방향만 바꾸어 그대로 되돌려주는 것이다. 이 기술을 기가 막히게 사용한 사람이 두 명 있다. 그중 하나가 윈스턴 처칠Winston Churchill이다. 상류층 행사에 참석한 처칠에게 한 여성이 상당히 무례한 말을 던졌다.

"당신이 내 남편이었다면 독을 먹였을 거예요."

윈스턴 처칠은 (아마도 이런 방법이 있다는 사실은 몰랐을 테지만) 역공법으로 응답했다.

"당신이 내 아내라면 그 독을 마시겠소."

두 번째는 소설가 조지 버나드 쇼이다. 쇼는 몸이 삐쩍 말랐다. 그런 몸 때문에 그 역시 사람들이 많이 모인 장소에서 인신공격을 당했다. 흔히 이런 말이었다.

"조지, 자네를 보면 세상이 기아에 허덕인다고 생각하겠어."

그런 말을 들으면 쇼는 이렇게 역공을 날렸다.

"자네를 보면 자네 때문에 세상이 기아에 허덕인다고 생각하겠어."

내가 그 자리에 있지는 않았지만 충분히 상상할 수 있다. 분명 사방에서 큰 웃음보가 터졌을 것이다.

상대가 흥분할수록 침착해야 이긴다

침착하고 사려 깊은 상사를 만나는 행운이 모든 사람에게 돌아가는 것은 아니다. 다른 직원들이 있는 자리에서도 조금만 수틀리면 욱해서 언성을 높이는 상사가 있다. 남들이 듣건 말건 모욕적인 언사나 비난도 예사로 생각한다.

나는 그런 사람들을 보면 공기를 불어넣어 자꾸만 커지는 풍선이 떠오른다. 점점 커져서 주변 모든 것을 구석으로 밀치며 온 방안을 다 차지하는 풍선 말이다. 풍선을 제거하는 방법은 아주 간단하다. 뾰족한 바늘 하나만 있으면 된다. 펑! 풍선이 시원하게 터지는 소리가 들리는가? 기본 원칙은 이렇다. 상대가 흥분할수록, 상대의 목소리가 높을수록 당신은 침착하고 조용해야 한다. 빈 수레가 요란하다는 말도 있지 않은가.

니나의 상사는 욱하는 성질이 엄청나서 그야말로 다혈질 중의 다혈질이다. 하도 당하다 보니 팀원들 모두 어느 정도 적응이 되었는데 유독 니나는 상사가 폭언을 할 때마다 상처를 입는다.

"내버려두면 그러다 말 거야. 난 한 귀로 듣고 한 귀로 흘려."

최근에 한 동료가 니나에게 이런 충고도 했다. 니나도 그럴 수 있었으면 좋겠다. 하지만 니나는 상사에게 혼이 날 때마다 자기도 모르게 눈물이 솟구친다. 그리고 나면 동료들 보기가 창피스러워서 스스로에게 더 화가 난다. 오늘 아침 미팅도 예외가 아니어서 상사가 돌아가면서 한 명씩 직원들을 트집 잡기 시작했다. 마침내 니나 차례가 돌아왔다. 그는 니나에게 다짜고짜 앞뒤 맥락 없는 질문을 던졌다.

"니나, 거래처에서 우리 제안에 대해 뭐라고 했어요?"

니나는 상사가 무슨 소리를 하는지 도통 모르겠다. 그녀가 당황한 표정으로 상사를 쳐다봤다.

"내 말 못 알아들었어요? 거래처에서 뭐라고 했냐고요."

"죄송합니다만, 무슨 말씀을 하시는지 모르겠습니다."

그녀가 우물쭈물하며 말을 꺼내자 상사는 벌컥 소리를 질렀다.

"지금 뭐라고 하는 거예요? 내가 무슨 말을 하는지 몰라요? 그 예쁜 머리는 화장할 때만 쓰지 말고 생각할 때도 좀 써봐요. 애도 아니고, 같은 말을 몇 번이나 반복해야 해?"

헉! 니나의 가슴에 깊은 생채기가 났다. 고개를 떨어뜨린 그녀의 얼굴이 붉어지면서 자기도 모르게 눈물이 왈칵 나왔다. 모두가 그녀를 쳐다보는 게 느껴졌다. 어쩔 줄 몰라 허둥대는 사이 아까운 3초가 지나가버렸다. 이번에도 그녀는 입을 열지 못했다. 결국 그날 하루를 망쳤다.

집으로 돌아가는 길, 차 안에서 그녀는 이를 갈면서 몇 번이고 다짐했다. 다음에는 절대 참지 않으리라. 벌떡 일어나서 하고 싶었던 말을 다 하리라. 그러나 우리는 모두 알고 있다. 그 '다음'은 결코 오지 않으리라는 것을.

이런 상황에서 상사의 말이 옳은지 그른지는 전혀 중요하지 않다. 그는 이미 말투만으로 선을 넘었기 때문이다. 니나가 그에게 미리 선을 그었더라면 전혀 다른 방식으로 대응할 수 있었을 것이다. 자, 한번 상상해보자. 상사는 변하지 않을 테니 그가 던지는 말도 같을 것이다.

"지금 뭐라고 하는 거예요? 내가 무슨 말을 하는지 몰라요? 그 예쁜 머리는 화장할 때만 쓰지 말고 생각할 때도 좀 써봐요. 애도 아니고, 같은 말을 몇 번이나 반복해야 해?"

여성 혐오 발언은 흘려듣자. 어차피 수준 이하의 말에 불과하다. 상사가 소리를 벌컥 질렀기 때문에 니나는 의도적으로 목소리를 낮춘다. 조용히, 그러나 단호하게 그녀가 역공을 날린다.

"알아듣게 말씀을 하셔야 알아듣죠."

이제 무슨 일이 벌어질까? 니나가 상사의 말을 맞받아친 것은 처음이기 때문에 아마 다들 깜짝 놀랄 것이다. 그리고 서로 눈치만 보느라 회의실은 쥐 죽은 듯 고요해질 것이다. 니나는 역공법을 이용했지만 그보다 더 중요한 것은 나지막한 말투이다. 상대가 언성을 높일수록 당신은 목소리를 낮추어야 한다.

워낙 다혈질인 사람들은 종잡을 수가 없으므로 상사가 어떻게 반응할지는 추측만 할 수 있을 뿐이다. 아마 흠칫 놀라 입을 다물 수도 있다. 최악의 경우 진짜로 뚜껑이 열려 폭발할 수도 있다. 하지만 아닐 수도 있다. 어쩌면 그도 내심 선을 그어줄 사람이 필요했을지도 모를 일이다.

상사의 반응보다 중요한 것은 니나의 다음 행보이다. 그녀는 잊고 있던 자존감이 다시금 차오르는 것을 느낄 것이다. 말투도 적절했고 무례하지도 않았다. 신중하지만 단호하게 말했다.

"이제 그만하세요. 더 이상은 선을 넘지 마세요."

역공은 연습만 하면 누구나 실천 가능하다. 결코 어렵지 않은 기술이다.

연습문제

역공을 날리는 기술

언제 어디서든 우리는 예기치 못한 언어 공격을 당할 수 있다. 몇 가지 상황에서 역공을 날릴 수 있는 방법을 생각해보자.

Q1. **자동차 판매장. 직원이 말한다.**
"남편 분은 안 오셨습니까? 남편 분과 말씀을 나누고 싶은데요."

당신의 대답:

Q2. **술집에서 어떤 남자가 당신에게 다가와 기분 나쁘게 지분거린다.**
"그쪽 옷 색깔이 내 침실과 너무 잘 어울리는데요."

당신의 대답:

Q3. **미팅 중 의견이 맞지 않아 설전을 하는데 남자 동료가 공격한다.**
"왜? 오늘이 그날이야?"

당신의 대답:

가능한 대답의 예시를 살펴보자.

Q1. **자동차 판매장. 직원이 말한다.**
"남편 분은 안 오셨습니까? 남편 분과 말씀을 나누고 싶은데요."

"당신 상사는 어디 계세요?
상사 분과 말씀 나누고 싶은데요."

Q2. **술집에서 어떤 남자가 당신에게 다가와 기분 나쁘게 지분거린다.**
"그쪽 옷 색깔이 내 침실과 너무 잘 어울리는데요."

"그쪽 옷 색깔은 그쪽 화장실과 더 어울리는데요."

Q3. **미팅 중 의견이 맞지 않아 설전을 하는데 남자 동료가 공격한다.**
"왜? 오늘이 그날이야?"

"왜 그래? 오늘은 네가 '개소리'하는 날인가 보네?"

이제 남은 방법은 하나, 상대의 진심을 폭로하는 것이다.

Action 03

교묘한 공격에는 어떻게 대처해야 할까?

소냐가 손님맞이 준비에 바쁘다. 시댁 친척이 결혼을 하는데 시골에 계신 시부모님이 결혼식장에 오셨다가 오늘 밤 주무시고 갈 예정이다. 시부모님 말고도 몇몇 친척이 더 올 것 같아서 소냐는 나름대로 신경 써서 집 안 청소를 하고 음식도 장만했다.

결혼식 시간이 가까웠다. 소냐는 딸 아멜리에에게 새로 산 흰 원피스를 입히고 자신이 입을 정장을 골랐다. 머리도 드라이를 하고 화장까지 끝냈다.

"당신 오늘 예쁜데. 아멜리에도 천사 같고. 집 안도 반짝반짝하네. 준비하느라 고생했어."

남편이 힘든 아내를 위로하며 다정하게 안아주었다. 그 순간 초인종이 울렸다. 가까이 사는 남편의 누나, 소냐의 손위 시누인 질케가 남편과 함께 온 것이다. 굳이 차를 두 대나 움직일 이유가 없어서 차 한 대에 함께 타고 결혼식장에 가기로 했기 때문이다. 소냐와 시누의 사이는……. 글쎄, 뭐 그리 편하지는 않았다. 딱 꼬집어 말할 수는 없지만 소냐는 항상 질케가 남동생의 결혼에 만족하지 않는다는 느낌을 지울 수 없었다.

"아멜리에, 오늘 왜 이렇게 예뻐. 엄마가 정말 예쁜 옷을 사줬구나."

질케가 조카에게 칭찬을 하자 소냐는 깜짝 놀랐다. 시누의 진심 어린 칭찬이 처음이었기 때문이다. 잠깐 커피 한잔하면서 수다를 떨다가 두 여자는 부엌으로 들어가 커피 잔을 씻었다. 시누가 물었다.

"언제 출발해야 해?"

"아직 30분 정도 시간 있어요."

"그래? 잘됐네. 내가 집 좀 치우고 있을 테니 얼른 방에 들어가서 옷 갈아입어."

소냐는 순간 자신이 잘못 들은 것이라고 생각했다. 그녀는 멍한 표정으로 시누를 쳐다보며 속으로 이렇게 생각했다. '뭐? 옷을 갈아입어? 집을 치워? 준비 다 끝났는데 무슨 소리야…….' 그렇게 생각에 빠져 있는 동안 재깍재깍재깍 3초가 지나버렸다.

상대의 진심을 폭로하는 기술

사랑하는 소냐, 안타깝지만 당신은 제대로 들었다. 당신 시누는 지금 당신이나 당신 집이나 참 못 봐줄 꼴이라는 말을 다정하기 이를 데 없는 제안으로 멋지게 포장한 것이다. 소냐의 머리가 얻어맞은 것처럼 띵 울렸다. 그렇게 다정한 척 무장해제시켜놓고는 이런 식으로 뒤통수를 치다니!

장담할 수 있다. 그런 상황에선 95퍼센트의 여성이 아무 말도 못하고 당하기 십상이다. 더 심각한 문제는 남은 그날 하루까지 망칠 공산이 크다는 것이다. 소냐는 결혼식이 끝나고 집에 돌아와 남편에게 이렇게 투덜댈지도 모른다.

"아까 당신 누나가 나한테 무슨 말을 한 줄 알아?"

하지만 돌아올 대답은 뻔하다.

"누나 말투가 원래 그렇잖아. 너무 신경 쓸 거 없어."

다행히 그날 하루를 망치지 않았다 해도 소냐는 혼자 속으로 끙끙 앓을 것이다. 왜 내가 아무 대답도 못하고 바보같이 당했을까?

이런 식의 교묘한 공격에는 어떻게 대응해야 할까? 무엇보다 현실적으로 대처해야 한다. 위의 사례에서 소냐는 너무 놀랐기 때문에 적절한 대답을 생각하지 못했다. 상대가 무엇을 비난했는지 이해하지 못하는 바람에 맞받아칠 때를 놓쳤다.

물론 기가 막힌다는 표현을 하고 더 이상 대꾸를 안 할 수도 있을 것이다. 하지만 앞으로도 계속 봐야 할 사이니 쉽사리 대놓고 무시할 수도 없는 노릇이다. 이제 그녀에게 남은 방법은 하나뿐이다. 상대의 진심을 폭로하는 것이다. 지금부터 몇 가지 방법을 알아보기로 하자.

SKILL 04

아이러니로 폭로한다

아이러니의 애호가로서 내가 제일 좋아하는 방법이다. 빈정 뒤에 숨은 상대의 의도를 이해했지만 그래 봤자 나는 아무렇지도 않다는 것을 당당하게 보여주는 것이다. 질케의 공격을 다시 떠올려보자.

"그래? 잘됐네. 내가 집 좀 치우고 있을 테니 얼른 옷 갈아입어."

당신은 아이러니를 장착하고 이렇게 받아칠 수도 있다.

"어머, 대단해요. 형님, 일타쌍피네. 한마디로 펀치를 두 방이나 날리시다니."

여유만만한 미소를 곁들인다면 시누도 웃음을 터트릴 것이다. 안 웃으면 말고. 또 이런 대답도 가능하다.

"존경스러워요, 형님. 돌려 말하기 세계 챔피언 해도 될 것 같아요."

하다못해 "무슨 말씀이신지 전혀 모르겠는데요" 같은 대답이라도 아무 말도 못하고 어리벙벙하게 당하는 것보다는 훨씬 낫다.

SKILL 05

되물어서 폭로한다

소냐는 이렇게 대답할 수도 있다.

"형님 말씀을 제가 제대로 이해했는지 모르겠네요. 그러니까 지금 우리 집이 더럽고 제 꼴이 한심하다는 말씀이 하고 싶은 거죠?"

화가 난 게 아니라 정말 사실을 확인하듯, 덧붙여 약간 재미있다는 말투를 써서 물으면 효과는 증폭된다. 당신은 시누가 뭐라고 하든 관심이 없으며 그저 예의상 되물어보는 것뿐이라는 인상을 강조할 수 있다. 하지만 주의할 점도 있다. 질문을 던지면 대답이 돌아오게 마련이다. 상대가 워낙 교묘하다면 이런 대답을 할 확률이 높다.

"어머, 올케, 무슨 말을 그렇게 섭섭하게 해. 난 도와주려고 한 말인데."

이렇게 구렁이 담 넘어가듯 빠져나가면 당신은 다시 원점으로 되돌아온다. 그렇더라도 당황하지 말고 지금껏 배운 기술을 떠올려보자. 대처 방법은 얼마든지 있다.

되묻기 방법은 특히 직장에서 문제 상황이 생길 때 요긴하다. 예를 들어보자. 카타리나가 오늘 직원들을 모아놓고 강연을 한다. 강연을 듣는 부하 직원들은 전부 남자다. 건설업계이다 보니 워낙 여자가 적고, 특히 여성 간부는 가뭄에 콩 나듯 보기 힘들다. 그러나 카타리나는 신경 쓰지 않는다. 남자 동료들에 비해 자신이 뒤처진다는 생각은 단 한 번도 해본 적 없기 때문이다.

강연 도중 저 뒷줄에서 뭔가 쑥덕거리는 소리가 들린다. 내용은 몰라도 딱 보아하니 음담패설이 오가는 중이다. 킥킥대는 웃음소리가 점점 더 퍼져나간다. 대응을 하든가, 주도권을 빼앗기든가 둘 중 하나이다. 3초 안에 결정을 내려야 한다.

"여러분, 즐거움은 공유해야죠. 무슨 이야기인지 들려주세요."

모두의 시선이 훼방꾼에게로 쏟아진다. 지적당한 남자는 화가 난다. 그런 식으로 사람들 앞에서 지적당한 탓이다. 그것도 여자한테. 물론 그는 절대 아까 한 말을 되풀이하지 않을 것이다. 대신 이런 말로 빠져나갈 구멍을 찾을 것이다.

"강사님이 어느 부서의 여성 할당제 덕분에 그 자리에 오르신 건지 물어보던 참이었습니다."

그따위 개소리에는 대응 방법이 수백 가지가 넘지만 상당히 많은 여성들이 이런 상황이 닥치면 자제력을 잃는다. 그러나 카타리나는 그래서는 안 된다. 그 작자의 입에서 튀어나온 것이 말도 안 되는 개소리라는 것을 누구보다 잘 알기에 3초 안에 분노를 다스려야 한다. 이런 상황에서는 되묻기가 도움을 줄 수 있다. 우선 지금 한 말을 다시 한 번 되풀이해달라고 부탁하는 것이다. 아주 간단하다.

"네? 제가 잘못 들었나요? 미안하지만 방금 하신 말씀을 한 번 더 큰 소리로 해주시겠어요?"

제아무리 재치가 넘치는 말이라도 되풀이하면 반짝이는 총기를 잃는다. 그 남자가 되풀이하지 않을 확률이 무척 높다(설사 되풀이하더라도 당신은 대응할 시간을 벌 수 있다). 아니면 "아니, 됐어요" 하고 혼자 얼버무리고 말 것이다.

당신은 "그렇다면 별로 중요한 말이 아니었나 보군요. 하던 이야기로 돌아갑시다"라는 말로 사태를 종결지을 수도 있다. 하지만 건축업계의 간부 자리까지 오른 여성이라면 더 큰 용기가 필요하다.

"마이어 씨, 성함이 맞죠? 제가 제대로 이해했는지 모르겠군요. 그러니까 내가 이 자리에 오를 자격이 없다는 말인가요? 마이어 씨 같은 분이 그런 소리를 하다니 의윈데요. 자, 그럼 계속할까요?"

이때 자세와 말투, 목소리, 어조가 단연 결정적이다. 당신이 이 상황을 즐긴다는 느낌을 한 줌 듬뿍 집어넣으며, 단호하고 냉철한 말투로 말을 마쳐야 한다.

SKILL 06

영혼 없는 감탄사를 날린다

어떤 식으로든 대응을 하는 것이 얼마나 중요한지는 앞에서도 누차 강조했다. 당신이 던진 대답이 꼭 노벨 문학상 후보작이어야 할 필요는 없다. 올바른 몸짓과 시선, 치켜세운 눈썹만으로 족할 때도 많다.

물론 딱 맞는 대답이 떠오르면 그보다 더 좋을 수 없다. 그리고 대답은, 앞에서도 말했듯 반드시 속전속결이어야 한다. 갑작스럽게 공격을 당하면 우리 뇌는 스트레스 상태에 빠진다. 그럴 때 너무 많이 생각하지 않아도 되는 반격 기술을 미리 준비하는 것이 유익하다. 독일 신경생물학자 게랄트 휘터Gerald Hüther가 한 논문에서 그 이유를 상세하게 설명한 바 있다.

"머릿속에서 일어나는 일은 엘리베이터와 같다. 우리 머리의 제일 꼭대기에는 보다 합리적이고 신중한 해결책이 살고 있다. 지하실에는 제일 단순한 해결책이 산다. 그 중간에는 앞을 내다보고 창의적으로 생각하는 해결책이 산다. 하지만 우리 두뇌에서 지휘자 역할을 하는 전전두피질은 압박감을 느낄 경우 제 기능을 다하지 못한다. 스트레스에 빠지면 그 부위가 흥분하여 시냅스와 연결이 되지 않는다. 그럼 우리는 엘리베이터를 타고 밑으로 내려가 지하실에 당도한다. 그곳에는 가장 간단한 해결책들이, 심지어 어린 시절에 자주 활용하던 해결책들까지 보관되어 있다. 그래서 최악의 경우 우리는 문을 쾅 닫고 들어가거나 책상을 세차게 내려치는 등 아주 단순한 행동을 취하게 되는 것이다."

스트레스가 심하면 우리는 자신도 모르게 원시적인 행동 방식을 찾게 된다. 도피냐 싸움이냐? 그러나 직장에서의 회의 시간이라면 그 둘 다 어렵다. 그런 비상 상황에 딱 맞는 기술이 있다. 너무나 간단한 나머지 지하실에 숨겨두어도 별로 눈에 띄지 않을 것 같은 방법이다. 바로 아래와 같은 '영혼 없는 감탄사'를 상대를 향해 덤덤하게 던지는 것이다.

- "아, 그래?"
- "저런."
- "와우."
- "에구."
- "세상에나."
- "진짜?"
- "하하하."
- "대단하다."

• "쯧쯧."

• "허걱, 완전 깜놀."

당신만의 감탄사는 무엇인가? 감탄사는 얼마든지 새롭게 만들거나 더해나갈 수 있다. 다만 이때도 건강한 상식은 필수이다. 지금부터 3년 동안 계속해서 무슨 말이든 "진짜?"라고만 대꾸한다면 아마 아무도 당신하고 말을 섞고 싶지 않을 테니까.

얼마 전 워크숍 참가자한테서 이 기술을 활용한 사례를 전해 들었다.

"선생님께서 가르쳐주신 영혼 없는 감탄사들은 아주 잘 사용하고 있습니다. 얼마 전에도 야심차게 써먹었답니다. 퇴근길에 경찰 단속에 걸렸거든요. 제가 살짝 과속을 했나 봐요. 경찰관이 제 차로 다가오기에 창문을 내렸죠. '선생님, 20킬로미터 초과입니다. 면허증 주시지요.' 경찰관이 그러더군요. 그런데 그 말을 듣는 순간 저도 모르게 제 입에서 이런 말이 튀어나오는 거예요. '와우! 대단하네요.' 나는 엄청 재미있다고 생각했는데 경찰관은 아니었나 봐요. 음주 측정을 하더라니까요."

조금 우스운 사례이지만, 영혼 없는 감탄사 기술은 이처럼 당황스러운 상황에 용기 있게 대처하도록 돕는다. 마치 고속도로 진입 톨게이트와도 같다. 감탄사를 날리는 순간 기분이 좋아지며 감정의 상승 모드를 타게 될 것이다. 그리고 그 분위기에 편승하여 더 재치 있는 대답들이 우르르 떠오를 것이다. 성공보다 더 큰 동기 부여는 없는 법이니까. 아, 물론 경찰관한테 사용하지는 않도록 조심하자.

타인이 나와 다르다는 것을 용서할 수 없는 자에게
지혜의 길은 멀기만 하다.

- 중국 속담¶

Action 04

공격적이지 않고 우아하게 나를 지키는 대화 기술

상황을 간단명료하게 종결지을 수 있다면 주체성을 지키면서도 평화롭고 확실하게 문제를 해결할 수 있다. 코르넬리아는 제법 큰 성형외과 상담실에서 근무한다. 병원이 입소문을 타고 워낙 잘되다 보니 상담이 늘 밀려 있다. 그래도 그녀는 항상 친절한 미소를 잃지 않고 고객 한 사람 한 사람에게 최선을 다한다.

오늘 오전에도 역시 사람이 많이 몰려들었다. 상담 중에 문의 전화까지 계속 울리는 바람에 대기하는 고객들이 많아졌다. 그녀가 통화를 마치고 수화기를 내려놓는 찰나 갑자기 대기실 뒤편에서 딱히 유쾌하지 않은 목소리가 들려왔다.

"이거 너무 느리잖아. 굼벵이야?"

모든 고객들이 소리가 들리는 쪽으로 고개를 들렸고, 심지어 몇몇은 동의하는 듯 고개를 끄덕이기까지 했다. 누구도 나서서 코르넬리아의 편을 들어주지 않았다. 아무도 내 편이 아니라면 스스로 자기편이 되어야 한다. 내가 아니면 누가 날 지키겠는가. 이때 코르넬리아에겐 (물론 방패부터 치켜든 후에) 여러 가지 대처 방법이 있다.

- 못 들은 척하고 하던 일을 계속한다. 하지만 목소리가 워낙 크다면 못 들은 척하기가 쉽지 않다.
- 다른 고객들이 보는 앞에서 대결을 시작할 수 있다. 상담사 대 고객, 첫 번째 라운드 시작이다.

두 번째 가능성을 택한다면 이런 광경이 벌어질 것이다. 코르넬리아가 얼굴을 팍 구기면서 짜증난 목소리로 대답한다.

"기다리기 싫으시면 가셔도 좋습니다", 아니면 "저도 최선을 다하고 있습니다."

"제가 멀리 간 적이 한두 번이겠습니까?"

분명 둘 다 대답이므로 아무 말도 못하고 가만히 있는 것보다는 낫다. 하지만 첫 번째 대답은 고객에 대한 예의가 아니다. 친절을 좌

우명으로 삼는 그녀의 직업 정신과도 어울리지 않는다. 두 번째 대답은 불필요한 변명이다. 게다가 일이 벅차다는 어감이 살짝 든다. 둘 다 코르넬리아가 진심으로 말하고 싶은 내용이 아니다. 코르넬리아가 이 순간 택할 수 있는 최고의 기술은 '내 마음대로 해석하기'일 것이다.

SKILL 07

내 마음대로 해석한다

기다리던 고객이 비난을 던진다.

"이거 너무 느리잖아. 굼벵이야?"

당신은 이 비난을 당신이 원하는 대로 해석할 수 있다. 예를 들어 이렇게 말이다.

"고객 한 분 한 분께 최선을 다하는 굼벵이랍니다. 조금만 더 기다려주십시오."

나는 개인적으로 이 기술을 아주 좋아한다. 몇 가지 이유가 있다.

- 변명하는 입장으로 전락하지 않는다.
- 비난을 긍정적으로 해석한다.
- 친절과 예의를 유지한다.
- 이것만으로 상황이 종료될 수 있다.

올바른 몸짓을 곁들여서 고객과 시선을 맞춘 다음 말이 끝난 후 시선을 옆으로 돌린다면 어떨까? 아마 이런 무언의 메시지까지 전달할 수 있을 것이다.

"고객님 의견은 잘 들었습니다. 사정이 이러이러하니 양해 부탁드립니다. 감사합니다."

최근 알리스 슈바르처(독일 여성 운동의 대모이자 페미니스트 저널 〈엠마Emma〉의 편집장이다–역주)가 한 토크 쇼에 게스트로 출연했다. 두 사람이 흥미로운 대화를 나누던 중 그녀가 다소 과감한 추측을 내놓자 사회자가 이에 질세라 그녀에게 이렇게 말했다.

"그런 추측은 좀 너무 멀리 나간 것 아닌가 싶은데요."

사회자의 말투에선 '당신을 트집 잡으니 재미있다'는 뉘앙스가 묻어났다. 그는 사실 이런 말이 하고 싶었을 것이다. '그건 말도 안 되는 음모론이야.' 그런 적대적인 대응을 한두 번 당했을 리 없는 슈바르처는 단 한마디로 상황을 종결지었다.

"제가 멀리 나간 적이 어디 한두 번이겠습니까?"

최고의 대답이었다. 자신을 사회자와 같은 수준으로 끌어내리거나 그를 비난하지 않고 상대의 말에 동의하면서 너무나 우아한 방식으로 자신을 변호했다. 훨씬 더 갈고닦은 형태의 '내 마음대로 해석하기' 기술인 것이다.

연습문제

내 마음대로 해석하기

앞서 등장한 '내 마음대로 해석하기' 기술을 연습해보자. 다음과 같은 비난을 받았을 때 어떤 대답을 할 수 있을까?

Q1. 직장 동료가 당신에게 말한다. "넌 매사 너무 쪼잔해."

당신의 대답:

Q2. 상사가 회의 시간에 당신에게 말한다. "왜 걸핏하면 질질 짜고 그래?"

당신의 대답:

Q3. 오랜만에 만난 친구가 말한다. "어머, 너 엄청 살쪘다."

당신의 대답:

가능한 대답의 예시를 살펴보자.

Q1. 직장 동료가 당신에게 말한다. "넌 매사 너무 쪼잔해."

"쪼잔한 게 아니라 꼼꼼한 거지."

Q2. 상사가 회의 시간에 당신에게 말한다. "왜 걸핏하면 질질 짜고 그래?"

"감정이 풍부해서 그렇죠."

Q3. 오랜만에 만난 친구가 말한다. "어머, 너 엄청 살쪘다."

"몸매가 풍만한 사람을 보면
너는 살쪘다고 생각하는구나?"

사람들은 질문을 던질 시간은 있지만 대답을 할 시간은 없다.

- 오스카 와일드Oscar Wilde, 소설가¶

Action 05

공격인지 공격이 아닌지 헷갈릴 때 해야 할 말

수잔네는 요즘 행복했다. 열심히 노력한 끝에 체중을 20킬로그램이나 감량했기 때문이다. 마침 때는 봄이고 파릇파릇한 새싹을 보고 있노라면 그녀는 자신도 다시 태어난 것만 같았다. 오늘도 날아갈듯 가벼운 발걸음으로 마트로 향했다. 야채 코너에서 감자를 골라 담고 있으려니 갑자기 뒤에서 오랜만에 보는 친구가 인사를 건넸다.

"아니, 이게 누구야? 수잔네, 너였어?"

"응."

상대의 놀란 목소리를 칭찬으로 해석한 수잔네는 수줍게 미소를 지으며 대답했다. 친구가 조금 더 다가오더니 수잔네를 위에서 아래로 훑어봤다. 그러고는 전문가라도 되는 양 한마디 던졌다.

"체중 감량했구나."

"응, 조금 뺐어."

상대의 말투에 살짝 당황한 수잔네가 주눅이 들어 대답했다.

"헐."

친구는 깔보는 듯한 말투로 이렇게 말한 후 그녀를 쌩하고 지나쳐 감자 매대로 들어갔다. 땡! 그것으로 끝이었다. "정말 보기 좋다" 같은 칭찬은 한마디도 없었다. 어딘가 무시하는 듯한 "헐"이 전부였다. 당신은 그녀의 이런 말이 '공격'이 아니었다고 생각할지도 모른다. 맞는 말이다. 어쨌든 직접적인 공격은 아니다.

하지만 왠지 모르는 이 찜찜한 기분은 뭘까? 수잔네는 친구에게 아무 말도 하지 못했다. 친구가 그녀를 차갑게 지나쳐 가도 멍하니 입을 다물고 뒤꽁무니만 쳐다봤다. 집으로 돌아가는 길에도 수잔네는 내내 그녀의 이상한 반응을 곱씹었다. 사실 우리 모두는 친구가 그런 행동을 한 이유를 알고 있다. 바로 질투다. 비열하지만 누구나 느껴본 적 있는 그 감정!

질투에는 어떻게 대응해야 할까? 기본 원칙은 변함이 없다. 거듭 이야기했듯 우리가 타인을 바꿀 수는 없다. 바꿀 수 있는 것은 오직 우리의 행동뿐이다. "헐"이라는 친구의 감탄사를 듣고도 전혀 기분이 나쁘지 않다면 굳이 대응할 필요가 없다. 하지만 기분이 나쁘다면 몇 가지 가능한 대답이 있다. 예를 들어 이렇게 대답할 수도 있다(이것도 넓은 의미에서 '내 마음대로 해석하기'로 볼 수 있겠다).

"그렇게 놀라는 걸 보니 내가 정말 날씬해졌나 보네. 고마워."

당황하지 말고 되묻는 질문을 던져라

또 다른 대응법으로 이렇게 말하는 것은 어떨까? 질문의 형식을 빌려 간단하면서도 멋진 대답이다.

"다이어트 방법 가르쳐줄까?"

앞에서 나는 때로는 행간을 읽지 않는 편이 유익하다고 말했다. 하지만 이런 경우엔 약간 그런 능력이 필요하다. 이 되묻기 방법은 영업 분야에서 일하는 사람들에게 특히 명약이다. 나도 한때 홍보 책임자로 일하면서 자주 이 방법을 사용했다. 자고로 영업자는 질문을 통해 목표에 이르는 사람들이니까.

예전에 나의 새 고객이 자기 회사 홍보를 맡기면서 아주 구체적이고 상세한 기획서를 요구했다. 그런데 그에게 딱 한 가지가 부족한 모양이었다. 홍보에 투자할 만큼 충분한 돈 말이다. 어느 정도의 예산을 생각하느냐는 질문에 그는 이렇게 대답했다.

"기획서도 비용을 지불해야 하나요?"

이게 무슨 황당한 소리인가? 그럼 우리더러 한 푼도 안 받고 기획서를 만들라는 소리인가? 예산이 없으면 기획서도 없다! 이렇게 대놓고 그에게 면박을 줄 수도 있었다. 그러나 나는 조금 더 우아한 방법을 택했다.

"고객님 제가 제대로 알아들었는지 몰라서 다시 한 번 여쭤보겠습니다. 그러니까 저희더러 지금 무료로 엄청난 시간과 노력을 투자하여 기획서를 만들고 프레젠테이션을 해달라는 말씀이십니까?"

나는 고객에게 거울을 들이밀어 그가 자신이 한 말을 점검할 수 있는 기회를 제공하였다. 그러면 99퍼센트의 고객은 자신이 어떤 실수를 했는지 깨닫는다.

"아니, 그게 아닙니다. 당연히 예산이 있지요. 어느 정도의 액수가 필요할까요?"

나머지 1퍼센트는 안타깝지만 나의 우수한 홍보 능력을 감상할 기회를 놓치는 것이다. 되묻기 기술은 잘난 척하면서 조언을 도무지 듣지 않는 고집 센 고객에게도 잘 통한다. 온라인 영업은 필요 없다며 다짜고짜 비용을 깎으려 드는 고객을 예로 들어보자.

"고객님, 죄송하지만 다시 한 번 말씀해주시겠어요? 스마트폰이 없으면 아무것도 할 수 없는 요즘 같은 시대에 온라인 영업이 필요 없다는 말씀이신가요?"

비용을 협상할 때에도 되묻기 기술은 필요하다. 독립적인 성향과는 관계없이 협상 주도권에서 밀려 (자신의 능력에 훨씬 못 미치는) 싼 비용을 받아들이는 여성이 의외로 많다.

“너무 비쌉니다. 우리는 ○○유로밖에 못 내겠어요. 그 가격을 못 받아들이시겠다면 딴 데 가서 알아봐야죠.”

“고객님, 혹시 제가 잘못 들었을까요? 그러니까 고객님은 성과와는 관계없이 모든 서비스에 동일한 가격을 지불하신다는 말씀이신가요?”

이 대답들은 수많은 가능성 중 일부에 불과하다. 그럼에도 이를 통해 우리는 상대에게 거울을 들이밀어 자신이 무슨 말을 했는지 확실히 깨닫게 만드는 것이 얼마나 간단한지를 새삼 알 수 있다.

변하는 사람만이 변치 않는다.

- 볼프 비어만 Wolf Biermann, 시인¶

Action 06

빙빙 돌려 말하는 사람과 대화하는 법

진짜 친구는 속내를 이야기할 때 알아볼 수 있는 법이다. 며칠 전 아침에 아이를 유치원에 데려다주러 갔다가 오랜만에 동네 친구를 만났다. 그녀는 나를 보고는 남 일 아니라는 듯 웃으며 말했다.

"신수가 훤해졌네."

그녀의 말이 맞았다. 그날 내 꼴은 정말이지 사람 꼴이 아니었다. 나는 그런 솔직한 반어법을 좋아한다. 내가 좋아하는 사람들의 입에서 나온다면 말이다.

여자들은 빙빙 돌려 말하기를 좋아한다. 티나와 율리아는 진짜 친구라고 말하긴 어렵지만 같은 동네에 살면서 자주 만나는 사이다.

양쪽 집 딸이 며칠 차이로 태어난 덕분에 산후조리원에서 알게 된 후로 문화센터 유아 프로그램, 아기 수영, 요가를 거쳐 어린이집과 유치원까지 같이 다닌다. 그러다 보니 어쩔 수 없이 자주 만날 수밖에 없었다. 하지만 사실 처음 만났을 때부터 서로에게 호감을 느끼지 않았다. 둘이 너무 닮았기 때문일지도 모르겠다. 어쨌든 둘 사이엔 늘 경쟁 심리에서 비롯된 묘한 긴장감이 감돌았다. 그러던 어느 날 아이들 유치원 파티에서 두 사람이 만났다.

"안녕, 율리아, 정말 오랜만이네. 음식 뭐 준비해왔어?"

"아, 안녕, 티나. 나 복직했어. 너도 알겠지만 자기 돈은 자기가 벌어서 쓰고 싶은 여자들이 있거든. 난 핫케이크야."

"어머, 그런 좋은 수가 있는 걸 미처 생각 못했네. 하긴 각자 좋아하는 게 다르니까.

"맞아. 요리가 좋은 사람도 있고 외식이 좋은 사람도 있고, 미용실에 갈 줄 아는 여자도 있고, 그렇지."

이 대화를 속내까지 번역하자면 이렇다.

"안녕, 율리아. 너 안 보고 사니까 세상 편하더라. 파티에 오면서 뭐 들고 오기는 했니?"

"아, 안녕, 게으르기 짝이 없는 티나. 난 너랑 달라서 간편하게 준비해왔어. 일을 해야 하니까 너처럼 시간이 많지 않거든. 그래도 바쁜 틈을 이용해 이렇게 멋진 핫케이크를 구워 왔지."

"역시, 마트에서 파는 가루로 대충 구웠지? 시간이 그렇게 없었어?"

"당연히 없지. 내 소중한 시간을 이런 데 쓰기 너무 아깝잖아. 그나저나 너 미용실 다녀온 지 진짜 오래된 것 같다. 자신에게 투자 좀 해."

교묘하게 나를 모욕하는 사람을 대하는 방식

마릴린 먼로Marilyn Monroe가 말했다.

"나 혼자 여자라면 남자들의 세상에서 사는 것은 전혀 문제가 안 된다."

가슴에 손을 얹고 말해보자. 우리는 자청하여 삶을 힘겹게 만든다. 교묘하게 친절을 가장하여 서로를 모욕한다. 이런 방식의 소통이 왠지 나는 너무 숨이 막힌다. 쓸데없는 곳에 너무 많은 에너지를 낭비하는 일이 아닌가 싶다. 진정한 인간관계와는 거리가 먼 일인데 말이다.

문제는 우리가 하고 싶어서 하는 것인지, 어쩔 수 없어서 그렇게 하는지이다. 우리는 그렇게 빙빙 돌리는 화법에서 탈출할 수 없을까? 만날 얼굴을 보면서 그렇게 속을 긁는 사람들과 과연 무엇을 할 수 있단 말인가?

세상에 만병통치약은 없다. 내 견해 역시 상당히 극단적이다. 나는 다만 당신에게 생각할 거리를 주고 싶을 뿐이다. 오랫동안 그래 왔다고 해서 앞으로도 그래야 한다는 법은 없다. 세상에 변치 않는 것은 없으니까.

현재의 관계와 소통의 방식 역시 옳고 그름을 따져 바꿀 필요가 있다. 새로운 방식에 도전할 필요가 있다. 그러자면 용기와 어느 정도의 무심(無心)이 필요하다. 나는 특히 내 남편에게서 그런 무심의 태도를 목격했다.

우리에게는 단순하게 생각하는 능력이 필요하다.

Action 07

상대의 공격을 허공으로 날리는 기술

집에서 나는 말을 많이 하는 반면, 남편은 말을 안 하는 편이다. 게다가 남편은 매사 묵묵히 대처하는 성격인데 나는 가끔 그 무심함에 감탄하곤 한다. 남편에겐 누군가와 문제가 생기더라도 이를 즉시 바로잡아야 한다는 마음이 통 없다.

"그 사람이 뭐라고 하건 관심 없어. 틀렸다는 걸 아니까."

이런 쿨한 태도가 정말이지 부럽다. 사실 남자들은 흠잡을 데가 한두 군데가 아니다. 그중에서도 최고의 흠이라면 여자들처럼 빙빙 돌려 말하는 재주가 없다는 점이다. 당연히 빙빙 돌린 상대의 말을 해석하는 재주도 꽝이다. 책이건 영화건 코미디건 남녀 사이의 소통 문제를 다룬 작품은 셀 수 없이 많다. 그런데 최근 나는 이런 차이가 순발력에 어떤 영향을 미치는지를 직접 목격했다.

뮌헨의 한 보험 회사에서 내게 순발력 워크숍을 부탁했다. 참가자들 모두 똑똑하고 창의적인 직원들이었는데 그중 남자는 두 명이었다. 구체적인 워크숍에 들어가기 앞서 기본적인 사항을 점검하던 중 몇몇 직원들로부터 어느 동료와 대화를 나누면 꼭 말문이 막힌다는 이야기가 나왔다. 나는 직원들에게 그 경험에 대해 물어보았다.

나 구체적인 사례가 있을까요? 최근에 그 동료 때문에 말문이 막혀 대답을 제대로 못했던 적이 있었나요?

참가자1 네, 얼마 전에 그런 일이 있었어요. 그 직원이 재택근무를 하는데 사무실로 전화를 했더라고요. 늘 자기가 얼마나 일을 많이 하고 얼마나 스트레스를 많이 받는지 남들에게 강조하는 사람이에요. 그날도 예외가 아니었죠. 저한테 이렇게 말하는 거예요."회사에 출근하는 너희들은 하루 종일 뭘 하는지 모르겠어. 난 책상이 휘는데." 어이가 없어서 말이 안 나오더라고요. 아무 대답도 안 했죠.

나 지금이라면 어떤 말을 해주고 싶나요?

참가자1 잘난 척 그만해라, 우리는 노는 줄 아느냐, 우리도 매일 바쁘게 일하느라 허리가 휜다……. 하지만 제가 후배라서 대놓고 말하기가 조심스러워요.

참가자2 맞아요. 그 동료는 쉽지가 않아요. 게다가 말을 어찌나 빙빙 돌려서 하는지……. 사실은 지금 진행 중인 프로젝트 자랑을 하고 싶은 걸 거예요.

참가자1 저도 그렇게 생각해요. 몇 주 전에도 비슷한 상황이 있었는데 그런 말을 했었거든요. 그럼 대응하기가 참 어려워요. 남들은 회사에서 놀면서 일한다고 생각하는 거잖아요.

나 다비드 씨, "난 일하느라 책상이 휜다"라는 소리를 들으면 뭐라고 대답하겠어요?"

참가자3 흠, 저라면 이렇게 말했을 것 같아요. "그렇게 바쁘다니 얼른 전화 끊자."

여자 동료들이 황당하다는 표정으로 그를 쳐다보았다. 그런데 갑자기 한 여성 참가자가 웃음을 터트리며 말했다.

"다비드, 기가 막힌데. 천재적인 대답이야."

사실 나도 그렇게 생각했다.

나는 내가 한 말에만 책임이 있다

과연 무슨 일이 일어난 것일까? 다비드는 상대의 '공격'을 전혀 공격으로 보지 않았다. 그의 논리는 이렇다. '상대가 자기 책상이 휠 정도로 일이 많다고 말했다. 같은 직원인 내가 뭘 하는지는 모른다. 그러거나 말거나 그게 나와 무슨 상관인가.'

이 얼마나 멋진 논리인가! 우리도 좀 배워야 하지 않을까? 그 동료가 무슨 뜻으로 그런 말을 했건 요점은 전혀 다른 곳에 있다. 우리도 다비드처럼 상대의 말을 굳이 힘들게 해석하거나 행간을 읽으려 애쓰지 않는다면 스트레스를 받을 일도 없다. 다비드에게 그런 식의 말은 테플론 프라이팬에 떨어진 물방울처럼 흡수되지 못하고 주르르 흘러내리고 만다.

그뿐만이 아니다. 우리는 그 말을 한 동료가 "그렇게 바쁘다니 얼른 전화 끊자"라는 대답을 들었을 때 어떤 기분일지 누구보다 잘 안다. 아마 '이게 뭐지?' 싶어 엄청 당황할 것이다. 그리고 실망할 것이다. 상대의 화를 돋우고 자기 자랑이 하고 싶은데 전혀 예상 밖의 반응이 나온 것일 테니 말이다.

그렇다고 자기가 사실은 무슨 말을 하고 싶었던 것인지 설명을 해줄 수도 없다. 애당초 선의를 품고 한 말이 아니었을 텐데 그것을 솔직히 고백할 이유가 없지 않은가. 내 말을 믿어라. 그럴 용기를 가진 사람은 없다. 누군가 빙빙 돌린 자기 말이 안 통했다고 "뭐? 내가 그렇게 에둘러 말했는데 이해를 못했어? 그럼 솔직하게 말해주지"라며 설명해주더라는 이야기를 나는 한 번도 들어본 적이 없다.

그 무례한 동료 역시 자신의 헛발질에 놀라 할 말을 잃을 것이다. 투우와도 약간 비슷한 상황이다. 화가 잔뜩 난 소는 뒷발질을 해대면서 온 힘을 끌어모아 달려가지만 정작 그를 맞는 투우사는 붉은 천을 날렵하게 걷어올리며 싸울 태세를 보이지 않는다. 소는 괜한 힘만 낭비하고 헛발질을 계속하면서 기력을 잃어간다.

우리가 다비드에게 배워야 할 점도 바로 그것이다. 다비드의 논리는 단순하다. 그냥 방패만 치켜드는 것으로 멈추어선 안 된다. 단순하게 생각하자. 나는 내가 한 말에만 책임이 있다. 내가 이해하지 못한 것은 내 책임이 아니다.

우리에게는 단순하게 생각하는 능력이 필요하다. 특히 누군가 나를 공격하려는 의도로 던진 말에 대해서는 더더욱 그럴 필요가 있다.

SKILL 08

상대의 공격을 허공으로 날린다

앞의 사례에서 다비드는 우리에게 이런 교훈을 주었다. 붉은 천을 휙 거두는 투우사가 되라! 사무실을 상상해보자. 당신은 지금 동료들과 회의 중이다. 주제는 승진이다. 그런데 맞은편에 앉은 동료가 갑자기 공격을 개시한다. 당신을 직접 언급하지는 않았지만 시선과 몸짓만 봐도 당신을 염두에 둔 것이 뻔하다.

"우리 회사는 치마 길이로 자리를 배정하나 봐요."

맞다. 당신은 치마를 자주 입는다. 왜? 다리가 예쁘니까. 그렇다고 치마를 입어도 되는지 동료에게 허락을 받아야 하는 건 아니지 않나? 상대가 직접 말로 당신을 지목한 것은 아니다. 그저 당신과 상관없는 근거박약의 주장을 펼쳤을 뿐이다. 다비드를 사례로 삼아 이 상황과 약간 거리를 두고 생각한다면 아마 머릿속에 금방 이런 대답이 떠오를 것이다.

"정말요? 그것 참 기가 막힌 일이네요."

정말로 그렇게 생각하는 사람처럼 감정을 표출하면서 말하라. 이 기술의 장점은 구태여 자신을 변호하지 않기 때문에 상대에게 공격의 여지를 주지 않는다는 것이다. 상대의 말에 깜짝 놀란 표정을 짓되 당신과 연관시키지 마라. 실제로 당신을 염두에 두고 한 말이 아닐 수도 있다. 상대의 말을 물고 늘어지면서 "그게 무슨 뜻이야?"라고 캐묻는 건 결국 당신이 상대가 내민 발에 맞지 않는 구두를 덥석 신었다는 증거일 뿐이다.

그 외에도 "우리 회사는 치마 길이로 자리를 배정하나 봐요"라는 상대의 공격에는 여러 가지 대답으로 대처할 수 있다. 아래에 몇 가지를 골라 소개한다.

- "진짜? 웬일이니?" (영혼 없는 감탄사 날리기)
- "저런, 안됐네." (상대의 눈을 보며 영혼 없는 감탄사 날리기)
- "웃느라 한 말에 초상난다는 말이 있죠." (속담 활용하기)

미미한 몸짓의 신호들이 모이면 큰 영향력을 행사할 수 있다.

Action 08

천 마디 말보다 더 확실하게 감정을 전하는 것

직장에서든 일상적인 상황에서든 똑같다. 혼자만 들리는 소리로 우물쭈물하는 것은 오히려 역공을 면하는 가장 좋은 방법이 될 수 있다. 어차피 사람들은 별로 신경을 안 쓸 테니 말이다.

사람들과 커뮤니케이션을 할 때는 신체 언어의 영향력을 생각해야 한다. 전달하고자 하는 메시지에 힘을 싣기 위해서는 자세와 표정에서 몇 가지 유념할 점이 있다.

몸으로 더 강한 메시지를 전하라

특히 우리 여성들은 천 마디 말보다 한 번의 눈빛으로 더 많은 말을 할 수 있다. 시선이 얼마나 많은 것을 표현할 수 있을지 생각해보라. 경멸, 흥분, 분노, 사랑, 질투 등 눈빛은 수많은 감정을 실을 수 있다.

당신이 양쪽 눈썹을 따로 추켜세울 수 있는 행운아라면 이 책은 볼 필요도 없다. 나도 눈썹 한쪽을 올리려면 다른 쪽은 손으로 붙들어야 한다. 그래서 별로 순발력이 있어 보이지 않는다.

때로는 시선이 그 어떤 날카로운 역공보다 더 많은 것을 표현할 수 있다. 올바른 시선 처리와 약간의 혀 차는 소리를 동반하면 아주 쉽게 상대를 무너뜨릴 수 있다. 이 책 맨 앞에 등장했던 리자를 기억하는가? 그녀가 시비를 걸던 동료를 향해 경멸과 홍이 담긴 시선을 힐끗 보냈더라면 더 이상 다른 말이 필요 없었을 것이다. 거울을 보면서 연습하라. 시선을 이용해 어떤 메시지를 전달할 수 있을까?

시선은 말을 거든다

순발력 넘치는 대답이 떠올랐다면 반드시 그에 어울리는 눈빛을 곁들여야 한다. 다음 몇 가지를 유념하자.

- 대답을 시작할 때는 무조건 상대와 눈을 마주친다.

미소는 많은 일을 할 수 있다. 그러나 때와 장소가 중요하다.
예를 들어 상사와 연봉 인상을 협상하는 자리에서
맥없이 짓는 미소는 공연히 확신이 없고
소극적이라는 느낌을 풍길 수 있다. 명심하라.
미소보다 중요한 것은 당신이 하려는 행동의 의도와 의지이다.

- 당신은 앉아 있고 상대는 서 있다면 자리에서 일어서라. 상대가 뒤에 있다면 돌아서야 한다.
- 대답이 끝나면 시선을 옆으로 돌려라. 절대 아래로 떨구어서는 안 된다. 그건 굴복의 뜻이다.

시선을 피하지 않고 계속 상대를 쳐다볼 수도 있다. 그것은 무슨 신호일까? 그렇다. 한 판 더 붙자는 뜻이다. 물론 당신이 상대와 계속 싸울 뜻이 있을 때에는 그렇게 해야 한다. 시선을 피하지 않는 것은 상대에게 대답을 얻어내고야 말겠다는 의미를 전한다. 그 사실을 잊지 마라.

앉은 자세에서 공격을 받았다면 일어나 상대와 눈높이를 맞추는 것이 바람직하다. 일어서는 자세와 방식만으로도 정말로 많은 의미를 전달할 수 있다. 벽을 등지고 서 있을 경우엔 상대를 향해 대각선 앞으로 한 걸음 내디디는 것이 좋다. 아주 천천히 신중하게 걸음을 옮기면서 한숨을 깊게 쉬면 그것만으로도 충분한 대답이 된다.

이 모든 몸짓이 미미한 신호에 불과해 보이지만 이것들이 모이면 큰 영향력을 발휘할 수 있다. 우리 모두는 비언어적 소통의 힘을 잘 알고 있으니까.

의지를 전하는 자세

올바른 자세로 표현할 수 있는 것들에 관해서는 이미 많은 책이 나와 있다. 책을 읽는 것과 동시에 나는 트레이너로서 이와 관련된

다양한 교육을 받았다. 그런데 그런 나도 정말 좋아하지 않는 것이 하나 있다. 바로 과한 사람들이다. 상대를 자기 뜻대로 하려고 부자연스럽게 억지로 꾸민 행동을 하는 사람들 말이다. 부디 자연스러움을 버리지 않길 바란다. 모든 행동에는 결과가 있다. 억지로 꾸민 행동은 역효과를 낳기 마련이다.

상대에게 무언가 얻어내야 하는 중요한 협상 자리라면 머리를 똑바로 세워라. 고개를 비스듬히 기울이는 것은 상대를 해칠 마음이 없다는 상징적 몸짓이다. 부하 직원과 진지한 대화를 나누는 자리에선 이런 몸짓이 듣기 힘든 말의 충격을 완화시키는 작용을 할 수 있다. 넘어져 우는 아이를 달랠 때나 힘든 일을 겪은 친구를 위로할 때도 큰 도움이 될 수 있다. 하지만 말에 진지한 메시지를 실어야 하는 자리에선 불필요한 자세이다.

또 한 가지, 팔은 어떻게 해야 할까? 나는 워크숍에서 신체 언어 훈련을 시도한다. 여성들에게 자리에서 일어나 가만히 서 있도록 하면, 채 2분도 지나지 않아 불안 증상을 보이는 이들이 나타난다. 그들은 특히 팔을 어떻게 해야 할지 몰라서 안절부절못한다.

주의 깊게 상대의 말을 들어야 하는 때라면 독일 수상 안겔라 메르켈Angela Merkel처럼 손으로 마름모꼴을 만들 수도 있고 팔짱을 껴도 좋다. 제일 멋진 자세는 아무것도 하지 않는 것이다. 팔을 편안히 내린 상태로 가만히 있어 보라. 허리를 쭉 펴고 자세를 똑바로 한 상태에서 강렬한 눈빛을 던지면 팔을 가만히 내버려두어도 전혀 이상하지 않을 것이다.

시의적절한 미소의 가치

웃는 얼굴에 침 못 뱉는다. 미소는 닫혀 있는 마음의 문을 열고 상대의 호감을 끌어낼 수 있다. 문제는 우리 여성들이 그 미소라는 도구를 과도하게 남용한다는 데 있다. 그것도 고개를 갸우뚱하게 젖힌 상태로 말이다. 세상에 그보다 더 나약해 보이는 자세는 없다. 더구나 미소에는 우리 여성들이 자라면서 귀에 못이 박히도록 들었던 그 온갖 '미덕'이란 것들이 숨어 있다. 겸손하고 남들의 마음에 들어야 하며 분위기를 좋게 만들어야 한다는 소위 여성의 미덕 말이다.

물론 미소는 많은 일을 할 수 있다. 그러나 때와 장소가 중요하다. 예를 들어 상사와 연봉 인상을 협상하는 자리에서 맥없이 짓는 미소는 공연히 확신이 없고 소극적이라는 느낌을 풍길 수 있다. 명심하라. 미소보다 중요한 것은 당신이 하고자 하는 행동의 의도와 의지이다.

내 목소리를 내는 연습

자세와 미소 이야기가 나왔으니 목소리도 잠시 짚고 넘어가려 한다. 이에 대해서도 나보다 더 많이 아는 전문가들이 많을 테니 나는 몇 가지 경험담만 들려주겠다.

나는 다양한 회사의 영업자들을 상대로 강연을 한다. 고객을 직접 만나는 영업자들도 있고 전화로 상담을 하는 영업자들도 있다. 사실 꼭 영업자가 아니라도, 알고 보면 우리 모두는 항상 영업을 하고 있지 않은가. 어느 부서에서 근무하건 당신은 누군가에게 전화를 걸 때마다, 고객과 대화를 나눌 때마다 당신의 기업과 자기 자신을 판매한다. 당신이 처리하는 모든 업무를 통해 자신을 판매하는 셈이다. 정중하지 않은 전화 예절은 결과나 실적으로써 당신 회사, 혹은 당신 자신에게 되돌아온다.

따라서 전화를 하건 얼굴을 마주 대하건 상대에게 들리는 목소리가 중요하다. 저음은 고음보다 침착하고 당당하다는 느낌을 준다. 따뜻하고 믿을 수 있다는 느낌을 준다. 높고 아름다운 목소리는 매력적이다. 하지만 새된 목소리는 듣는 이의 신경을 자극하여 어서 입을 다물었으면 좋겠다는 느낌만 들게 한다. 적시에 순발력 있는 대답을 하길 원한다면 말투와 목소리에도 신경을 써야 하는 것이다.

연습 없이 무대에 오르는 가수는 없다. 우리도 항상 실전에 대비하여 목소리를 가다듬어야 한다. 힘찬 목소리를 내려면 공간이 필요하다. 폐에 공기가 들어가야 한다. 똑바로 앉거나 서야 횡격막에 공간이 더 많이 생긴다. 코로 천천히 숨을 들이쉬었다 내뱉어보라. 숨이 빠져나가는 동안 힘차게 목을 가다듬어보라. 목소리의 울림이 커져서 조금 더 듣기 편한 목소리가 될 것이다.

단조로운 목소리처럼 따분한 것은 없다. 변화를 주어 상대방의 마음을 사로잡아야 한다. 크기를 키웠다 줄이면서, 속도를 높였다 낮추면서 변화를 주자. 아이들에게도 이 방법이 잘 통한다. 화가 난다고 아이에게 계속 고래고래 고함을 질러봤자 아무 소용이 없다. 아이는 오래 집중하지 못한다. 조용히 차분한 음성으로 이야기를 해야 한다.

우리는 칭찬이 마음속 자아상과 일치할 때에만 편하게 받아들인다.

Action 09

칭찬을 있는 그대로 받아들이는 연습

워크숍에 참석하는 여성들은 대부분 '무리를 지어서' 온다. 친구끼리, 모녀끼리, 동료끼리, 서로 마음이 통하는 여성들끼리 순발력을 배우기 위해 함께 찾아온다. 그런 참가자들에게 나는 자주 상대의 장점이 무엇인지 물어본다. 그럼 항상, 정말이지 예외 없이 이런 장면이 펼쳐진다.

나 여긴 누구랑 왔습니까?

여성1 동료랑요, 아니 친구랑요. (둘이 서로 마주 보고 미소를 짓는다.)

나 친구분의 장점이 무엇이라고 생각하십니까? (아직 아무 말도 안 했는데 이미 여성2는 얼굴이 빨개지기 시작한다.)

여성1 성격이 참 좋아요. 매사 긍정적이거든요.

나 제가 아니라 친구 분을 보시고 말씀하세요.

여성1 (씩 웃는다.) 넌 명랑해서 좋아. 아침에 네가 출근을 하면 온 사무실이 환해지는 것 같아.

이 말에 참석한 모든 여성들이 감탄하고, 이윽고 여성2의 눈가에 눈물이 맺힌다. 그리고 대부분 내가 요구하지 않아도 알아서 여성1을 칭찬하거나, 아무 말 없이 부끄러운 표정으로 손사래를 친다.

여성들은 대부분 남 앞에 서는 것을 좋아하지 않는다. 자신에게 향한 만인의 시선을 꿋꿋하게 참고 유창한 언변을 뽐내는 여성은 생각보다 그리 많지 않다. 하지만 여성들이여! 칭찬은 선물과 같다. 손사래 치지 말고 감사하게 받아도 된다. 진심에서 우러나온 진짜 칭찬이라면 조건도 답례도 필요치 않다.

칭찬을 싫어하는 사람은 없다. 모두가 그렇게 말한다. 하지만 정작 칭찬을 있는 그대로 받아들이는 여성은 그리 흔치 않다. 가만히 생각해보라. 당신은 칭찬에 어떻게 대응하는가?

당신은 오랜만에 남편과 단둘이 외식을 하러 나가기로 했다. 아이들은 베이비시터가 와서 봐주기로 했고 예전에 자주 가던 이탈리안 레스토랑에 며칠 전부터 예약도 해두었다. 당신은 오늘을 위해 특별히 검정 미니스커트를 입고 남편에게 보여준다.

"나 어때?"

"예쁘네. 당신 미니스커트 입은 모습 정말 오랜만이다."

"무슨 말이야? 나한테 안 어울려?"

"아니, 오랜만이라고. 잘 어울려."

"정말이야? 다리 굵으니까 갈아입으라는 소리 아니고?"

이유가 뭘까? 왜 우리는 칭찬을 들으면 편안한 마음으로 '고맙다'는 인사를 건네지 못하는 것일까? 정말 고마운 일 아닌가? 누구나 칭찬을 들으면 기분이 좋아진다. 인지상정이다. 예를 들어 칭찬을 받은 아이는 어떻게 되는가? 부쩍 성장한다. 칭찬을 등에 업고 용기를 내어 새로운 일에 도전한다. 학교 축구 대회에 와서 자기 아이에게 이렇게 외치는 부모를 본 적 있는가?

"이 바보야. 패스를 해야지. 왜 이렇게 못하니?"

없다. 내 아이가 설사 세상 누구보다 축구에 재능이 없더라도 경기 중에 공을 향해 발길질 한 번이라도 하면 팀을 우승으로 이끈 주역이 된 것처럼 야단법석을 떤다. 나도 두 아들을 키우는 엄마로서 그런 경험을 많이 했다. 아이들은 부모로부터 조금만 칭찬을 받아도 금방 신이 난다. 그리고 엄청난 의욕을 발산한다.

그런데 이것이 순발력과 무슨 상관이 있을까? 얼핏 보면 큰 관계가 없어 보이지만 조금 더 자세히 들여다보면 아주 깊은 관련이 있다.

요점은 이렇다. 우리는 칭찬이 우리의 마음속 자아상과 일치할 때에만 그 칭찬을 편하게 받아들일 수 있다. 그래야만 칭찬이 진심이라고 믿고 마음껏 기뻐한다. 이제 믿어주자. 인정해주자. 우리 여성들은 칭찬을 받아들이면 뭔가 잘난 척하는 것 같다고 생각하는 경향이 있다. 말도 안 되는 소리다. 지금부터는 칭찬을 흔쾌히 받아들이고 자부심에 푹 빠져보길 권한다.

칭찬이 불러일으키는 기적

또 하나 하고 싶은 말이 있다. 당신도 아낌 없이 남을 칭찬하라. 카페 주인이 너무 친절하다. 그럼 친절하다고 말하라. 약사의 충고가 정말 큰 도움이 되었다. 그럼 도움이 되었다고 말하라. '뭐 굳이 그런 말까지 해야 할까? 말 안 해도 상대가 내 마음을 알아줄 텐데.' 아니다. 결코 그렇지 않다. 말을 안 하는데 상대가 당신의 마음을 어떻게 알 수 있겠는가?

야나는 늘 같은 마트에서 장을 본다. 일주일에 한 번씩 갈 때마다 정육 코너 판매원 로지를 만난다. 로지는 항상 친절하다. 자기가 하

우리는 칭찬이 우리의 마음속 자아상과 일치할 때에만
그 칭찬을 편하게 받아들일 수 있다.
그래야만 칭찬이 진심이라고 믿고 마음껏 기뻐한다.
우리 여성들은 칭찬을 받아들이면
뭔가 잘난 척하는 것 같다고 생각하는 경향이 있다.
말도 안 되는 소리다.
지금부터는 칭찬을 흔쾌히 받아들이고
자부심에 푹 빠져보길 권한다.

는 일을 정말로 좋아하는 사람이다. 그런데 오늘은 일진이 사나운지, 야나가 도착한 순간 마침 한 고객이 로지에게 막 항의를 하고 있다. 어제 주문한 고기가 아직 오지 않았기 때문이다. 로지는 힘들었는지 표정이 굳어 있다. 하지만 야냐가 정육점 코너로 다가가자 로지는 다시 예의 그 친절한 미소를 지으며 그녀를 맞이한다.

"어서 오세요, 뮐러 부인. 오늘은 뭘 드릴까요?"

야냐는 주문을 하고 고기를 받으며 자기도 모르게 불쑥 이런 말을 건넨다.

"예전부터 느꼈지만 정말 친절하신 것 같아요. 아는 것도 많으시고. 그래서 제가 꼭 여기서 고기를 사잖아요. 항상 고마워요."

야나의 얼굴이 빨개지더니 이내 환한 미소가 떠오른다. 그리고 부끄러운 듯 시선을 떨어뜨리면서 어쩔 줄을 몰라 한다.

"아, 정말요? 감사합니다."

"아니에요. 꼭 한번 인사드리고 싶었어요. 그럼 다음 주에 또 뵐게요."

이 작은 칭찬이 어떤 기적을 불러일으킬까? 우선 두 여성의 기분이 좋아질 것이다. 야나는 로지가 자기 칭찬을 듣고 기뻐해주어서 기분이 좋다. 자신으로 인해 누군가 기뻐하는 모습을 보면 누구든 당연히 기분이 좋아지는 법이다. 생각지 못한 칭찬을 들은 로지도 기분이 좋다. 그날 하루 동안 그녀는 평소보다 더 친절하게 손님들을 맞이할 것이다. 그리고 그 모습을 본 상사에게 또다시 칭찬을 들을지도 모른다.

한마디로 선순환이다. 우리 책의 첫머리에서 소개한 리자가 기억나는가? 가시 돋친 말을 들었던 리자는 반대로 악순환에 빠졌다. 생각도, 마음의 자세도 자꾸만 바닥으로 곤두박질쳤다.

야나가 다음번에 정육 코너에 가면 로지는 진심으로 반가워할 것이고 특별히 신경 써서 좋은 부위를 골라줄 것이다. 물론 좋은 고기를 사겠다는 욕심으로 사방에 칭찬을 뿌리고 다니라는 소리는 아니다. 다만 마음에 드는 것이 있다면 속으로만 생각하지 말고 말로 표현하라는 것이다. 우리 인간은 칭찬에는 인색하고 비난에는 후한 족속이라고들 한다. 이제부터는 반대로 하자. 공격은 방패를 치켜들어 막고 칭찬은 스펀지처럼 쭉 빨아들이는 것이다.

아주 사소한 것에 대한 칭찬이라도 좋다. 다음에 누가 당신에게 왼쪽 손톱에도 매니큐어를 잘 칠한다고 칭찬하거든 스펀지처럼 쭉 빨아들여 칭찬을 즐겨보라. 누군가 내 장점을 알아주었다는 사실에 마음껏 기뻐해보자.

연습문제

칭찬 주고받기 연습

앞으로 친구를 만나거든 먼저 칭찬을 해보자. 왜 상대와 만나고 싶었는지, 친구로서 무엇이 좋은지 이유를 말해주자. 그리고 그 이후의 변화를 관찰해보자.

Q1. 당신에겐 어떤 변화가 생겼는가?

Q2. 친구에겐 어떤 변화가 생겼는가?

Q3. 당신과 친구의 우정에는 어떤 변화가 생겼는가?

진실은 독설에 맞서는 강력한 한 방이 될 수 있다.

Action 10

칭찬으로 포장된 비난에 지지 않는 강력한 한 방

우리 주변이 하루 24시간 내내 방패를 치켜들고 있어야 하는 환경이라면 어떨까? 아마 진심 어린 칭찬도 진심으로 받아들이지 못하고 뭔가 꿈수가 숨어 있지 않나 의심부터 하게 될 것이다.

앞의 사례에서 등장했던 정육 코너의 로지는 조금 전까지 예의 없는 손님에게 호되게 당했으면서도 야나가 주문을 하러 왔을 때 아무 일도 없었던 것처럼 야나를 대했다. 상대의 말마다 '저 말이 무슨 뜻일까?'라고 의심하는 것은 상대가 틀림없이 나쁜 의도를 품었다는 가정에서 나오는 행동이다. 그럼 사는 게 너무 피곤하지 않겠는가?

그러나 안타깝게도, 정말이지 유감이지만 그런 칭찬도 있다. 상대를 헐뜯으려는 공격을 칭찬이라는 수상쩍은 포장지로 둘러씌운 것이다. 앞서 다뤘던 교묘한 비난과도 비슷하지만 그보다 조금 더 교묘하게 정체를 숨긴 비난의 한 형태이다.

필요한 것은 순발력이 아니라 용기다

기젤라는 울리의 생일 파티에 초대를 받았다. 솔직히 가고 싶지 않았지만 앞집에 사는 이웃인 데다 둘러댈 마땅한 핑계거리도 없었다. 둘은 성격이나 취향이 정말 다른데, 그 차이를 각자의 성장과 발전에 이용하지 못하고 서로를 짓누르려는 경쟁 심리가 더 강하다.

울리는 평소 화장도 진하고 옷도 잘 차려입고 다닌다. 반면 기젤라는 청바지에 티셔츠가 더 편한 스타일이다. 하지만 파티에 청바지를 입고 가기는 뭣해서 일부러 옷장을 뒤져 얌전한 원피스를 골랐다.

"생일 축하해, 울리. 초대해줘서 고마워."

기젤라가 오늘의 주인공에게 인사를 건넸다. 울리는 손님들 틈에 앉아 있다가 벌떡 일어나 기젤라를 맞이했다.

"시간 내줘서 고마워. 네가 오니까 정말 좋다."

손님들이 하나둘 음식이 차려진 식탁으로 걸어갔다. 기젤라도 사람들을 따라 식탁으로 향했다. 그런데 어느 틈에 곁에 온 울리가 기젤라에게 귓속말을 했다.

"네 원피스 짱이다. 허리 살이 하나도 안 보여."

두둥! 기젤라가 어안이 벙벙해하는 동안 시간이 흘러가버렸다. 재깍재깍재깍…… 삐! 3초가 지났다. 기젤라가 아무 말도 못하고 혼자 화를 삭이는데 울리는 보란 듯이 다른 손님과 시시덕거렸다.

그날 밤 내내 기젤라는 화를 주체하지 못했다. 아무 대꾸도 못한 자신에게 화가 났고, 어쩌자고 그런 한심한 파티에 발을 들여놓은 것인지 애초에 거절을 못한 자신에게 더 화가 났다.

칭찬으로 포장한 공격은 대처하기가 매우 까다롭다. 공격을 하는 사람은 당신을 깔아뭉갤 의도를 품고 있지만 그 점을 지적할 수 없도록 교묘하게 포장을 한다. 그런데 알고 보면 이런 사람들은 겁쟁이다. 행여나 자신의 음흉한 마음이 발각되어서 '만인의 연인' 이미지를 잃을까 봐 겁이 나기 때문에 공격을 독이 든 사과로 포장하는 것이다.

이런 공격을 받았을 땐 특히 주의를 해야 한다. 만약 당신이 기젤라였다면 어떻게 대응했을까? 가능한 상황 세 가지를 한번 살펴보자.

Scene A

당장 감정적으로 대응한다

흔히 이런 상황에 몰리면 화를 내며 따져 물을 수 있다.

"그게 무슨 뜻이야?"

하지만 이런 대응은 오히려 울리에게 기회를 제공하기 쉽다. 기젤라가 남의 선의를 곡해하는 예민한 성격이라고 몰아세울 기회가 되는 것이다.

"어머, 왜 그렇게 예민해?"

"넌 유머도 모르니? 웃자고 한 말에 왜 그렇게 죽자고 덤벼?"

이제 결투의 막이 오른다. 당신이 커튼을 걷었다. 물론 당신이 이 결투에서 승리를 거둘 수도 있다. 다만 끝까지 싸워 이길 투지와 자신이 있어야 한다.

Scene B

받은 공을 그대로 돌려준다

기젤라는 울리의 집에 발을 들여놓는 순간 마음속 방패를 치켜들고 다짐을 한다. '오늘은 절대 안 될걸!' 그러나 기젤라가 역시나 먼저 한 방 먹인다.

"네 원피스 짱이다. 허리 살이 하나도 안 보여."

기젤라는 3초를 활용해 시선에 힘을 싣는다. 천천히, 그러나 신중하게 시선을 울리에게로 향한 후 여유 있게 말한다.

"다음에 빌려줄게. 너도 필요할 텐데."

말을 마치면 시선을 거두고 음식을 접시에 담는다. 기젤라는 공을 되던진 것이다. 받은 공을 되돌려주는 것, 순발력 대화 기술에선 그보다 더 중요한 것이 없다. 상대의 얼굴에 거울을 들이미는 것, 뜨거운 감자를 상대의 손에 되던지는 것, 그것이 가장 중요하다.

이 기술은 공격만큼이나 간단하다. 솔직하고 간단하게 대답하면 된다. 사실이 그렇기 때문이다. 그러므로 특별한 말솜씨가 필요치 않다. 맞받아치겠다는 '용기'만 있으면 된다.

Scene **C**

불편한 관계는 처음부터 거절한다

이 갈등에 대처할 세 번째 가능성이 남아 있다. 이것은 여성들이 제일 어려워하는 방법이기도 하다. 이 기술은 애초에 갈등 상황이 생기기 전에 활용할 수 있다. 기젤라가 울리로부터 초대를 받는 그 순간에 말이다.

"기젤라. 이번 주 토요일에 내 생일 파티 할 건데 올 거지?"

"아니."

"왜? 시간 없어?"

당황한 울리가 다시 묻는다.

"아니, 시간은 있는데 가고 싶지 않아. 미안하지만 너희들끼리 재미있게 놀아."

순발력 있게 최적의 방법을 떠올려 멋지게 대처한다면 가장 좋겠지만, 세상 모든 것이 그러하듯 우리에게도 준비 과정이 필요하다. 앞에서와 같은 상황이 닥치기 전에 알아두면 좋은 기술을 소개한다.

SKILL **09**

단답형으로 받아친다

자칫 거칠어 보일 수 있지만 효과는 만점인 기술이다. 제일 유명한 세 가지 대답을 예로 들자면 바로 이것이다. 다만 상사에게 사용하는 것은 별로 추천하고 싶지 않다.

- "싫어."
- "안녕."
- "꺼져."

SKILL **10**

솔직하게 대답한다

'정직이 오래 간다'는 독일 속담이 있다. 내가 보기엔 오래갈 뿐 아니라 제일 간단하기도 하다. 진실은 또한 강력한 한 방이 될 때도 많다. 앞서 문화센터에서 만난 두 여자가 기억나는가? 클라우디아로부터 난처한 공격을 받은 순간 나디네는 이렇게 맞받아쳤다.

“내가 지금껏 지켜봤는데 토르벤 역시 외부의 도움을 받는 것이 나쁘지 않을 것 같아요.”

방금 전에 본 기젤라와 울리의 사례도 여기에 해당된다. 독설을 날린 울리에게 기젤라는 이렇게 대답할 수도 있는 것이다.

“다음에 빌려줄게. 너한테도 필요할 텐데.”

받은 공을 그대로 돌려주듯 있는 그대로의 진실을 말하는 것, 이것이 이 기술의 핵심이다. 간단하지만 강력한 한 방의 기술인 셈이다.

“그때 그 말을 정말 하고 싶었어요. 하지만 차마 못했죠.”

워크숍에서 자주 듣는 말이다. 혼자 속으로 생각만 할 뿐 입 밖으로 내지 못한 말은 아무런 결과를 낳지 못한다. 솔직한 대답은 특별한 창의력이나 말솜씨가 필요 없다. 그 말을 입 밖으로 내뱉을 용기만 있으면 된다. 여기서 다시 느끼는 바지만 모든 문제는 결국 자기애와 용기로 귀결된다.

정직한 대답에 유머가 곁들여지면 금상첨화이다. 몇 년 전 아들을 데리고 장을 보러 갔을 때였다. 당시 아들은 아직 유모차를 타는 나이였다. 독일 백화점에는 이런 유아 동반 부모를 위한 주차장이 따로 있다. 누구의 아이디어인지는 몰라도 정말 괜찮은 생각이다. 주차 공간이 상대적으로 넓게 그려져 있어서 아기를 카시트에서 일으킬 때, 혹은 유모차를 꺼내서 태울 때 훨씬 편하다. 그런데 안타깝게도 규정을 지키지 않는 차들이 적지 않아 빈자리를 찾기가 무척 힘들다.

그날도 예외가 아니었다. 주차장을 한참 빙빙 돌다가 겨우 자리를 발견한 참에 바로 앞에 있던 다른 차가 그 자리를 차지하고 말았다. 그런데 그 차의 운전자인 여성은 중년인 데다 아기도 없었다. 나는 차를 잠시 세우고 그녀에게 다가갔다. 그리고 조심스럽지만 상냥한 말투로 말했다.

"죄송하지만 여긴 유아 동반 부모용 주차장인데요. 제가 잘못 본 게 아니라면 혼자 오신 것 같아서요."

그녀가 나를 쳐다보았다. 표정을 보니 어떻게 반응해야 할지 고민하는 모양이었다. 어떻게 하지? 핑계를 댈까? 아니면 막무가내로 무슨 상관이냐고 따질까? 사과를 하고 차를 빼줄까? 내 말투가 워낙 상냥한 데다 개념 없는 사람으로 보이지는 않았던지 그녀가 미소를 지으며 이렇게 말했다.

"지금은 혼자 왔지만 집에는 손주들이 있는데……. 여기 세우면 안 될까요?"

잠시 후 우리는 누가 먼저랄 것도 없이 웃음을 터트렸다. 그녀는 시간이 너무 없어서 차를 세우지 말아야 하는 것을 알면서도 주차를 했노라고 털어놓았다. 그리고 내 차 카시트에 앉은 막스에게도 정말 미안하다고 말하며 다시는 이곳에 주차를 하지 않겠다고 약속했다. 우리는 웃으며 헤어졌다. 그녀의 대답은 솔직했고 유머러스했다. 문제는 해결하지 못했지만 서로를 이해할 수 있는 아름다운 소통 방식이라는 생각이 들었다.

그런데 몇 주 후 같은 곳에서 똑같은 일을 겪었다. 이번에는 중년 남성이었다. 그가 어떤 대답을 했냐고? 아, 그의 대답은 모자이크 처리가 좀 필요하다.

"네가 무슨 상관이야? 이 ×××아! 너나 잘해. 이 ×××아!"

참, 사람은 가지각색이다.

아무것도 손대지 않고서 변화를 바란다면
그것이야말로 가장 정신 나간 짓이다.

- 알베르트 아인슈타인, 물리학자¶

Action 11

이런 말을 하면 너무 뻔뻔하고 과격해 보이지 않을까?

나는 워크숍 시간마다 여성들에게 과제를 내고 파트너와 같이 순발력 있는 대답을 찾아보는 시간을 갖는다. 이어 팀 별로 돌아가면서 각자가 찾은 대답을 이야기한다. 그런데 매번, 정말이지 매번 보게 되는 장면이 있다. 특히 중년 여성들의 경우 누군가 아주 '뻔뻔한' 대답을 제시하면 손으로 입을 가리고 부끄러운 표정을 지으며 그 사람을 슬쩍 쳐다본다. 내가 워크숍에서 참가자들과 나눈 대화를 잠시 살펴보자.

나 자, 여러분. 이런 상황에서 어떤 대답을 할지 생각해봅시다. 집으로 가족을 초대하여 식사를 대접합니다. 이복 여동생도 불렀죠. 그런데 그녀가 집으로 들어서면서 이런 인사말을 건넵니다. "잘 지냈어? 그런데 이게 뭐야? 청소할 시간이 그렇게 없었어?" 당신은 무엇이라고 대답할까요?

참가자1 나 같으면 이렇게 말할 거예요. "나야 잘 지냈지. 또 트집 잡는 거 보니까 시간 많구나. 청소 좀 해줄래?"

참가자들이 박수를 치며 웃는다. 멋진 대답이다. 그렇지만 참가자들의 웃음엔 '근데 저런 말을 해도 될까?'라는 표정이 섞여 있다.

참가자2 하지만 우린 그런 말 못해요.

나 '우리'가 아니라 '저는'이겠죠. 왜 그런 말을 하면 안 된다고 생각하세요?

참가자2 뭐……, 음……, 가족이니까요.

나 맞아요. 하지만 그 가족이 지금 당신한테 한심한 주부라고, 집이 더럽다고 말했잖아요.

참가자2가 내 말에 고개를 끄덕인다. 하지만 확신이 있어 보이지 속수무책으로 당하는 것이 무슨 득이 되는가?
가슴에 손을 얹고 말해보자. 다들 아무 말도 못하고
당했던 순간이 있을 것이다. 며칠이나 가슴앓이를 했던가?
며칠? 몇 주? 몇 년도 가능하다.
이제 부드럽지만 단호한 저항이
얼마나 유익한지 직접 경험해볼 시간이다.

는 않는다. 50년 동안 교육 받은 생각을 단 3시간 만에 바꾸기란 쉽지 않은 일이다. 하지만 적어도 그들의 머리에 변화의 씨앗을 뿌릴 수는 있다.

기술은 배울 수 있어도 절대 내가 가르쳐줄 수 없는 것이 있다. 바로 용기이다. 용기는 당신 혼자서 끌어내야 한다. 하루아침에 되는 일은 없다. 하지만 조금씩 용기를 내어 선을 긋는다면 언젠가는 지금보다 훨씬 큰 용기를 내어 무엇이든 할 수 있을 것이다.

솔직히 속수무책으로 당하는 것이 무슨 득이 되는가? 가슴에 손을 얹고 말해보자. 다들 아무 말도 못하고 당했던 순간이 있을 것이다. 며칠이나 가슴앓이를 했던가? 며칠? 몇 주? 몇 년도 가능하다. 이제 부드럽지만 단호한 저항이 얼마나 유익한지 직접 경험해볼 시간이다.

걸핏하면 당신을 괴롭히는 사람이 주변에 있는가? 그런 일을 당하면 어떤 기분이 드는가? 이제 그런 상황에서 재치 있는 대답이 딱 떠올랐다고 상상해보자. 그 대답을 던지는 자신을 상상해보자. 주변 환경, 상황, 당신의 자세는 어떤가? 어떤 기분이 드는가? 여유 있는 표정으로 재치 있게 대답하는 자신을 상상하기만 해도 용기가 불끈 솟을 것이다. 다음번에 같은 일이 일어난다면 그 상상을 바탕으로 한번 도전해보자.

용기는 스스로 끌어내야 한다

내가 아는 한 대학생이 부전공으로 심리학을 택했다. 평소에도 워낙 성실하고 부지런한 학생이라 전공 구두시험도 열심히 준비했다. 지금은 어떤지 몰라도 예전에는 구두시험을 칠 때 문제를 주고 30분 정도 준비할 시간을 주었다. 준비한 이후 시험관인 교수들 앞에서 발표를 해야 했다. 그날의 문제는 이러했다. '주어진 상황을 모델 XY를 바탕으로 설명하시오.' 그런데 모델 XY가 너무나 최신 이론이었던 나머지 그 학생은 아예 들어본 적도 없었다. 눈앞이 캄캄한 상황이었다.

그러나 30분 후 그는 자신감 넘치는 표정으로 시험장에 들어갔다. 맞은편에는 심리학과 교수 한 사람, 전공과 무관한 다른 과 교수 두 사람이 앉아 있었다. 그는 칠판으로 걸어가 분필을 집어들고 이론의 창시자까지 거슬러 올라가며 모델 XY를 자세히 설명하였다. 어찌나 유창하게 설명을 하는지 시험관들이 감탄할 지경이었다. 아니, 세 사람 모두 그랬다는 것은 아니고 다른 과 교수들이 그랬다는 이야기다. 사실 그가 설명한 모든 내용은 자신의 지식을 총동원해 지어낸 것이었기 때문이다. 심리학과 교수는 이를 금세 알아차렸지만 아무 말도 하지 않고 동료 교수들이 알아서 평가를 내리도록 내버려두었다.

그 결과 감탄하던 다른 과의 교수들은 15점 만점을 주었다. 심리학과 교수는 10점을 주었다. 엉터리 발표를 했음에도 좋은 점수를 주었던 이유는 그 학생이 평소에도 워낙 성실하고 근면했기 때문이다. 그 학생은 거짓말쟁이나 사기꾼이 아니었다. 그저 위기를 자신의 기지를 발휘하여 멋지게 넘겼을 뿐이었다. 만일 절망하여 바로 기권을 했더라면 학점이 크게 떨어졌을 것이고 그토록 원하던 대학원 진학에도 지장이 있었을지 모른다.

아무것도 모르는 상황에서도 확신이 넘치는 당당한 모습! 이 학생은 그런 당당함을 잃지 않았던 덕분에 무사히 졸업을 할 수 있었다. 내 말을 오해하지는 마라. 사기를 치라는 말이 아니다. 어떤 위기가 닥쳐도 당황하지 말고 자신감을 갖고 당당하라는 뜻이다.

거울 앞에 서서 잘했다고, 애썼다고 자신의 어깨를 두드려주자.
잘못한 것은 없는지 늘 노심초사할 필요 없다.

Action 12

끈질기게 자기 잘못부터 찾아내는 습관을 버려야 한다

베레나는 세 아이의 엄마이고 장난감 제조사의 주요 관리자로 일한다. 회사의 양해를 얻어 오전에는 출근을 하고 오후에는 재택근무를 하고 있다. 남편도 직장인이라 아침 6시면 출근한다. 베레나는 남편과 같은 시각에 일어나서 아침을 차리고 아이들을 깨운다. 큰아들은 열세 살이라 혼자서도 잘하지만, 일곱 살, 세 살인 둘째와 셋째는 아직 손이 많이 간다. 아이들을 각기 어린이집과 유치원, 학교에 보내고 나면 그녀는 곧바로 사무실로 출근을 한다. 교통 체증이 심하지 않아 다행히 지각을 하지 않는 날은 정각 9시면 사무실에 도착한다.

베레나는 상사의 신임을 듬뿍 받고 있다. 그녀의 업무 실적과 고객 평가가 워낙 좋기 때문이다. 그래서 회사는 그녀에게 오후에는 재택근무를 할 수 있는 특혜를 주었다. 사실 말이 좋아 재택근무지, 하루 24시간 내내 일한다는 뜻이다.

별일이 없으면 그녀의 퇴근 시간은 오후 1시이다. 하지만 집으로 돌아와서도 곧바로 컴퓨터 앞으로 가서 일을 계속한다. 오후 4시, 아이들을 어린이집과 유치원에서 찾아 수영장이나 피아노 학원에 데려다준 후에도 그녀는 자투리 시간 동안 스마트폰으로 업무 내용을 확인한다. 고객과 동료들에게 걸려오는 전화는 절대 놓치면 안 된다.

아이들이 수영이나 피아노 학원을 마치면 집으로 와서 저녁식사를 준비한다. 그 틈틈이 빨래와 청소를 한다. 남편이 6시에 퇴근하면 온 가족이 모여 식사를 한다. 밤 9시, 아이들이 모두 잠이 들면 그녀는 다시 컴퓨터 앞에 앉아 남은 일을 처리한다. 눈이 감길 때까지 10시, 11시가 넘도록 일하는 건 예사다. 그리고 다시 새벽 6시면 여지없이 하루가 시작된다.

어떤 사람들은 베레나에게 쉽게 말한다. 당신은 팔자가 편하다고, 돈도 벌면서 애들도 보살필 수 있고, 학교 행사나 유치원 행사에도 빠짐없이 참가할 수 있으니까 참 좋겠다고. 그러나 정작 그녀는 하루하루가 전쟁과 다름이 없다.

• • • • • • • • •

당신은 이미 슈퍼우먼이다

상사는 그녀를 전적으로 신뢰하지만 동료들은 그렇지 않다. 동료들이 보기에 베레나는 오고 싶을 때 오고 가고 싶을 때 가는 한량이다. 오전에 찔끔 얼굴만 비치면 그만이니 하루 종일 노는지 자는지 알게 뭔가?

"안녕."

베레나가 9시 직전 사무실로 들어서면서 명랑하게 인사했다. 그녀가 제일 마지막으로 도착했다.

"이제 왔나 보네."

한 동료가 비꼬는 투로 말했다. 베레나는 대꾸 없이 자리로 가서 앉았다. 그녀는 사무실에 있는 내내 1분 1초가 아까운 듯 열심히 일하지만 동료들은 커피 마시러 나가서 30분씩이나 수다를 떨다 들어오기 일쑤다.

"저 여자랑 상사 사이에 뭐가 있다니까? 안 그러면 왜 그런 특혜를 혼자 누리겠어."

다들 베레나가 없는 자리에선 이렇게 수군거린다.

오후 1시. 그녀가 가방을 챙겨 퇴근할 준비를 했다.

"나 먼저 갈게. 내일 봐."

"벌써 가는 거야? 꼴찌로 와서 일등으로 가네. 나도 그래 봤으면 소원이 없겠다."

동료의 독설이 뒤통수를 때렸다. 모두들 입을 삐죽대며 고개를 끄덕였다. 갈등이 생길 수밖에 없는 상황이다. 당신이라면 어떻게 대응했을까?

Scene A

변명으로 일관한다

물론 이런 상황에서는 누구라도 자신의 입장을 이해받기 위해 변명부터 하기 쉽다. 베레나 역시 그럴 수 있다.

"퇴근해도 집에 가서 일해. 너희 못지않게 열심히 한다고."

"그러시겠지. 소파에 편안히 누워서. 다 알고 있어. 그냥 그렇다고 해."

한 동료가 히죽대며 대꾸한다. 너무 억울한 나머지 베레나의 얼굴이 빨갛게 달아오른다. 그녀의 목소리가 아까보다 격앙된다.

"말도 안 되는 소리 하지 마. 애가 셋이야. 나도 소파에 누워 편안하게 낮잠 좀 자봤으면 좋겠어."

"왜 화는 내고 그래. 내가 뭐랬다고?"

동료가 날카롭게 대답하자 그녀는 망연자실해진다.

어쨌든 베레나는 대응을 했다. 무슨 말이든 하는 편이 가만히 있

우리는 모두 베레나 같은 슈퍼우먼이다.
각자 방식은 달라도 하루하루를 젖 먹던 힘까지
다 짜내어 치열하게 살고 있을 것이다.
그런데도 거울 앞에 서서 잘했다고, 애썼다고
자신의 어깨를 두드려주기는커녕
잘못한 것은 없는지 늘 노심초사한다.

는 것보다는 낫다. 하지만 비열한 상대에게 속 시원하게 한 방 먹이기는커녕 오히려 얻어맞고 말았다. 당연히 자신의 대응이 만족스럽지 못할 것이다. 변명으로 일관한 자신에게 화가 날 것이다. 사실 베레나는 동료들에게 변명할 이유가 없다. 변명을 해야 할 대상은 오직 상사뿐이며, 그 상사는 그녀의 업무 결과에 항상 만족하고 있다.

베레나는 어떤가. 그녀는 다른 사람들 같았으면 사흘이면 두 손 두 발 다 들었을 엄청난 양의 일을 그날 그날 해치운다. 베레나는 단순한 워킹맘이 아니다. 그럼 무엇일까? 나는 그녀를 '슈퍼우먼'이라고 부르겠다. 모두가 아는 이 사실을 그녀만 모른다. 아마 누구에게도 칭찬이나 인정을 받지 못했기 때문일 것이다. 남편은 자기 몸 추스르기도 바쁘다. 퇴근할 무렵이면 이미 녹초가 되어 있다. 그래서 자신이 없는 동안 아내가 얼마나 많은 일을 하고 있는지 짐작도 못한다. 아이들도 마찬가지다. 나중에 어른이 되어 자기 자식을 낳아봐야 엄마가 얼마나 대단한 사람이었는지 절감하게 될 것이다. 그리고 이렇게 물을 것이다.

"엄마는 어떻게 그 많은 일을 혼자서 다 해치웠을까?"

그 누구도 인정해주지 않는다면 누가 남는가? 그렇다. 바로 자기 자신이다. 사랑하는 여성 여러분! 장담컨대 우리는 모두 베레나 같은 슈퍼우먼이다. 각자 방식은 달라도 하루하루를 젖 먹던 힘까지 다 짜내어 치열하게 살고 있을 것이다. 그런데도 거울 앞에 서서 잘했다고, 애썼다고 자신의 어깨를 두드려주기는커녕 잘못한 것은 없는지 늘 노심초사한다.

우리는 이미 슈퍼우먼이다! 당신도 눈치챘을 것이다. 이야기는 또 다시 자기애로 돌아왔다. 슈퍼우먼이 절대 하지 말아야 할 것이 있다. 바로 변명이다. 슈퍼우먼은 변명하지 않는다. 공격한 상대와 같은 저급한 수준으로 자신을 낮추지 않는다. 항상 방패를 들고 다니며 그 정도의 공격쯤은 간단히 튕겨내 버리기 때문이다. 자신이 슈퍼우먼이라는 사실을 베레나가 진즉에 깨달았더라면 그날의 상황은 이렇게 흘러갔을 것이다.

Scene **B**

자신의 입장을 당당하게 드러낸다

"나 먼저 갈게. 내일 봐."

"벌써 가는 거야? 꼴찌로 와서 일등으로 가네. 나도 그래 봤으면 소원이 없겠다."

"맞아. 일등으로 가서 소파에 누워 하루 종일 텔레비전 보면서 빈둥거릴 거야. 생각만 해도 신나네. 다들 한번 해봐." (허풍으로 상대의 공격을 날린다.)

혹은 이런 방법도 있다.

베레나가 당당한 미소를 지으며 동료를 당당하게 마주 보고 이렇게 말한다.

"뿌린 대로 거두는 법이지!" (속담이나 명언 활용 기술)

혹은 이건 어떨까?

"저런!" (영혼 없는 감탄사 기술)

이 대답들은 변명이 아니다. 베레나에겐 변명을 해야 할 이유가 없으니까. 물론 이런 방법으로는 그 상황을 모면할 수 있어도 문제 자체를 해결하지는 못한다. 동료들이 왜 베레나만 특혜를 누리는지 그 이유를 납득하지 못하기 때문이다. 그것을 납득시켜줘야 할 사람은 상사이다. 상사가 적어도 한 번쯤은 공개적으로 상황을 설명해야 한다. 하지만 남자들은 입장 표명을 꺼린다. 책임을 맡은 간부들도 예외가 아니다. 굳이 나서서 곤란한 입장이 되려고 하지 않는 것이다.

그러니 이런 불화를 완전히 해결하고 싶다면 베레나는 지금보다 더 확실한 자세를 취해야 한다. 위의 대답을 던진 후에 천천히, 신중하게 그 동료에게로 걸어가는 것이다. 그리고 허리를 굽혀 동료의 눈을 똑바로 쳐다보며 분명하게 말한다.

"당신도 나처럼 실적이 좋으면 언제든지 재택근무 신청할 수 있어. 그러니 그때까지는 함부로 말하는 걸 자제해주면 좋겠어."

그런 다음 허리를 펴고 당당히 퇴근하면 된다.

방금 위의 상황에서 등장했던 대응 기술을 좀 더 자세히 살펴보자. 미리 알아두고 연습하면 제때 대처하기가 더 쉬워진다.

SKILL 11

허풍으로 상대의 공격을 날린다

우리는 앞서 이 기술을 몇 차례 이용했다. 페트라와 시어머니의 이야기에서 “네, 글쎄 핑크색 나무가 다 팔리고 없더라고요”라는 페트라의 대답은 두말할 것 없이 허풍의 힘을 빌린 것이었다. 앞서 베스테-포프마와의 인터뷰에서 그녀는 ‘출근하면 애들은 어떻게 하느냐’ 하는 면접관의 질문에 이렇게 대답했다.

“장롱에 가두었다가 퇴근해서 꺼내줄 겁니다.”

바로 앞의 사례에서도 베레나는 동료의 야유에 맞받아치기 위해 같은 방법을 활용했다.

“맞아. 일등으로 가서 소파에 누워 하루 종일 텔레비전 보면서 빈둥거릴 거야. 생각만 해도 신나네. 다들 한번 해봐.”

이런 말도 안 되는 대답을 통해 우리는 상대에게 그의 비난이 부적절하며, 사실은 그렇지 않다는 것을 확실히 보여줄 수 있다. 게다가 허풍은 항상 유머를 동반하기 때문에 분위기를 부드럽게 만든다. 아, 물론 상대가 그 유머를 이해할 정도의 수준이 되어야겠지만 말이다.

SKILL 12

급할 때 사용하는 비상용 멘트를 준비한다

앞에서 소개한 것들 외에도 순발력의 기술은 무궁무진하다. 하지만 나는 진정성이 가장 중요하다고 생각하기 때문에 자연스럽지 못한 과도한 대응에는 반대한다. 어떤 상황에서든 적당히 여유를 가지고 사람을 대해야 한다. 누군가를 만날 때마다 '어, 이건 무슨 상황이지? 어떤 기술을 써야 하지?'를 고민한다면 피곤하기도 할 것이고 자칫 사람까지 잃을 수도 있다.

지금까지 당신은 여러 가지 기술을 익혔다. 그리고 실제 상황에서는 단순히 언어 차원의 기술 외에도 자기애, 자존감, 용기 등 더 많은 것들이 필요하다는 확신도 얻게 되었다.

마지막으로 정말 급할 때 사용할 수 있는 몇 가지 비상 카드를 소개하도록 하겠다. 이 몇 가지 멘트를 외워두고 있으면 아무 생각도 안 날 때 응급조치 정도로 활용할 수 있을 것이다. 틈틈이 당신만의 비상용 멘트를 하나씩 늘려보는 것도 좋다. 물론 이런 멘트를 사용할 때는 건강한 상식이 필요하다는 점을 잊지 않길 바란다.

- 연락하고 싶으면 해도 좋아. 나한테만 안 하면 돼.
- 하고 싶은 말이 있으면 이 봉투에 대고 말해. 나중에 들을게.
- 나도 너랑 당당히 결투를 하고 싶은데 안타깝게도 네가 들을 마음이 없는 것 같아. 다음에 다시 보자.
- 내가 준비되었을 때 다시 이야기하자.

- 외모 자랑은 자랑할 게 하나도 없을 때 하는 거 아냐?
- 나 그렇게 안 좋아해도 돼.

겁쟁이는 천 번을 죽지만 용사는 한 번만 죽는다.

- 윌리엄 셰익스피어William Shakespeare, 작가¶

Action 13

남 앞에 서는 것이 늘 불안한 당신에게 들려주고 싶은 말

예전에 나를 가르쳤던 트레이너가 이런 말을 한 적이 있다.

"신나게 실패하세요!"

그 말이 오래도록 내 가슴에 남았다. 당당한 사람은 침착하고 여유가 있다. 실패를 두려워하지 않기 때문이다. 떨어질까 봐, 넘어질까 봐 겁내지 마라. 행여 정말로 떨어지거나 넘어진다 해도 무슨 일이 일어나겠는가? 그 자리에서 툭툭 털고 일어나서 가던 길을 가면 된다. 실패는 성공의 어머니라는 흔한 명언도 있지 않은가.

나는 전화로도 교육을 많이 한다. 얼굴을 안 보고 목소리만 듣기 때문에 상대의 두려움을 훨씬 뚜렷하게 알아차릴 수 있다. 교육생

중엔 특히 여성이 많은데, 그들에게서 "자꾸 말이 꼬여 죽겠어요"라는 푸념을 얼마나 자주 듣는지 모른다. 그런 푸념을 들을 때마다 나는 이렇게 묻곤 한다.

"말이 꼬이면 어떻게 될까요?"

"그럼…… 그럼…… 그럼…… 말이 꼬이죠."

"그렇죠. 그럼 상대가 당신도 피와 살이 있는 진짜 사람이란 것을 깨닫겠죠. 정말 멋지지 않아요? 그럴 땐 이렇게 말해보세요. '죄송합니다. 처음부터 다시 할게요. 이번에는 잘할 수 있을 거예요.'"

"창피하지 않을까요?"

"솔직한 거죠. 아마 딱딱하게 굳어 있던 상대도 재미있어서 혼자 살짝 웃을 거예요."

말이 꼬여도 '괜찮다'는 생각만으로 우리는 말을 잘할 수 있다. 실패의 두려움은 우리의 손과 발을 꽁꽁 묶어버린다. 넓은 바다로 뛰어들어 신나게 헤엄치지 못하도록 막는다.

몇 년 동안 쉬지 않고 교육만 받을 뿐 얼른 실전에 나서지 못하는 여성들을 나는 정말로 많이 알고 있다. 취업 전선에 나설 준비가 끝났는데도 이 자격증, 저 자격증에 도전하면서 차일피일 실전을 미룬다. 자격증을 아무리 많이 따면 뭐하나? 써먹지도 못할 것을.

실패의 두려움을 떨쳐버리지 못하면 자신이 가진 능력을 절대로 다 발휘하지 못한다. 실패가 나쁜 것이 아니다. 진짜로 나쁜 것은 시도조차 안 해보는 것이다.

떨어질 용기가 있는 사람만이 높은 곳으로 기어오를 수 있다. 오르지 못하면 평생 산 밑에서 정상만 바라보며 살아야 한다. 얼마나 따분하고 지루하겠는가. 용기를 내라. 자신을 믿어라.

언제 어디서든 신나게 실패할 권리

대부분의 경우 자기 발을 거는 사람은 바로 자기 자신이다. 브레이크를 걸어 앞을 가로막는 사람은 다른 누구도 아닌 우리 자신인 것이다. 원인은 그릇된 내면의 자아상과 부정적인 생각, 우리를 혼란에 빠뜨리는 불안과 초조이다. 불안하고 초조하면 생각이 허둥대며 엇길로 빠지기 십상이다.

이 책을 읽는 독자 가운데 모르는 사람들 앞에서 즐거운 마음으로 발표를 하거나 강연을 할 수 있는 사람이 몇 명이나 될까? 아마 극소수일 것이다.

나는 순발력 워크숍을 할 때마다 즉흥적으로 그런 발표 자리를 만든다. 워크숍 도중에 갑자기 무작위로 한 여성을 가리키며 앞으로 나오라고 시킨다. 그럼 지적을 당한 대부분의 여성은 당황한 표정을 짓는다. 자세만 보아도 알 수 있다. 양손으로 몸을 가리고 엉덩이를 살짝 옆으로 빼면서 몸을 꼰다. 아마 머릿속으로 이런 생각을 할 것이다. '왜 하필 나야? 무슨 짓을 시키려는 거지?' 자신만만한 표

말이 꼬여도 '괜찮다'는 생각만으로 우리는 말을 잘할 수 있다.

실패의 두려움은 우리의 손과 발을 꽁꽁 묶어버린다.

넓은 바다로 뛰어들어 신나게 헤엄치지 못하도록 막는다.

정으로 벌떡 일어나서 씩씩하게 앞으로 걸어나오는 여성은 여태까지 단 한 명도 보지 못했다.

"지금부터 2분 동안 강연을 해보세요. 미안하지만 준비할 시간은 없어요. 주제는 출근입니다."

이런 요청을 받는다면 아마 누구든 황당할 것이다. 갑자기 사람을 불러내서 찬물을 끼얹고는 헤엄을 쳐보라고 시키는 꼴이니까. 반면 큰 장점도 있다. 불안이 솟구칠 시간이 없다. 당장 대응을 해야 하기 때문이다. 오히려 맞은편에 앉은 다른 참가자들이 더 불안에 떤다. 앞으로 나간 동료에게 연민을 느낄 여유도 없다. 오직 한 가지 생각뿐이니까. '이런, 내 차례는 언제지?'

앞으로 불려나온 사람들은 거의 모두가 짧은 강연을 멋지게 해낸다. 중간에 "음……" 같은 추임새가 수도 없이 들어가지만 그런 건 중요하지 않다. 나는 여성들에게 알려주고 싶다. 그들에게 얼마나 많은 능력이 숨어 있는지. 똑같은 과제를 일주일의 준비 기간을 준 후에 시켰다면 아마 결과는 더 좋지 않았을 것이다. 불안, 초조가 치밀어오를 시간이 너무 많았을 테니까.

불안을 피할 방법은 없을까? 그건 두뇌학자나 심리학자 들에게 물어보아야 할 질문이다. 내가 지금 알려줄 수 있는 것은 불안을 피하는 내 나름의 방법뿐이다. 나도 매번 강연이나 워크숍를 앞두고는 불안을 느낀다. 강연이 시작되기 직전에는 나는 왜 안정된 직장을 버리고 이렇게 힘든 업계로 들어왔을까 후회를 하곤 한다. 매번 다시 직장으로 돌아가리라, 꼬박꼬박 월급 받는 안정된 일터를 찾으리라 맹세한다. 하지만 당장은 안 된다. 이 자리에서 도망칠 수가 없다.

몇 달 전 나는 첫 번째 책(저자의 유방암 투병기 《형편상 가슴을 포기하고Brüste umständehalber abzugeben》-역주) 덕분에 서부독일방송국의 인기 프로그램 〈쾰른의 만남〉에 출연하였다. 쾰른 출신인 나로서는 그 방송에 나가는 것이 오랜 꿈이었다. 베티나 뵈팅거Bettina Böttinger(독일의 유명 여성 방송 진행자 및 프로듀서-역주) 옆에 앉아서 세상 돌아가는 이야기를 나누어보고 싶었다. 그런데 그 꿈이 정말로 이루어진 것이다.

시작부터 신나는 날이었다. 방송국에서 차를 보내 나를 스튜디오까지 모셔갔다. 메이크업을 하고 리허설도 했다. 모든 것이 완벽했다. 너무나 즐거웠다. 마침내 촬영 시간이 되었다. 나는 스튜디오에 자리를 잡았고 베티나 뵈팅거가 나를 소개했다. 그 순간에는 최대한 온화한 표정을 지으며 카메라를 응시하라는 사전 지시를 받았다. 그런데 하필 그때 그놈이 찾아왔다. 도주 본능 말이다.

멍청하게 미소를 지으며 카메라를 쳐다보던 그 까마득한 순간 내내 내 머릿속은 한 가지 생각뿐이었다. '내가 여기서 대체 뭘 하는 거지? 집에 가고 싶다. 지금 당장!' 하지만 나는 정신을 가다듬고 내 마음과 대화를 나누었다. '겁나지? 이해해. 난생처음 방송에 출연하는 건데 세상에 어느 누가 겁나지 않겠어? 그렇지만 평생 동안 이 순간이 오기를 바랐잖아. 그러니까 즐기자. 설마 무슨 일이 일어나겠어? 또 일어난들 뭐 대수겠어?"

나는 그런 순간이 닥칠 때마다 항상 나 자신과 대화를 나눈다. 덕분에 최근 들어 내가 깨달은 교훈이 하나 있다. 모든 감정을 허락해야 한다는 것이다. 방점은 '모든'에 찍는다. 감정을 억지로 내보려고 하면 더 끈질기게 버틴다. 불안, 두려움, 호기심, 수치심, 만족, 행복……. 하나도 빼놓지 말고 그 무엇이든 허락하자! 불안이나 두려움을 좋아할 사람이 몇이나 되겠는가? 혹여 지금 느끼는 감정이 마음에 안 들더라도 자신에게 너무 가혹하게 굴지 마라.

아이들이 자다가 악몽 때문에 깨어나면 나는 이렇게 말하지 않는다.

"괜찮아. 귀신 같은 거 없어. 얼른 자."

나는 아이를 품에 안고 아이가 느끼는 그 감정을 진지하게 인정한다. 아이의 이야기가 다 끝나면 아이를 쓰다듬으며 위로한다. 그럼 대부분 아이의 불안감은 안도감으로 바뀐다. 나는 나 자신에게도 그렇게 한다. 무대에 오르기 전 매번 나와 마음의 대화를 나누고 왜, 무엇 때문에, 어떤 이유로 내가 지금 도망치고 싶은 것인지를 이해해주며 스스로를 위로한다. 그리고 이런 말로 대화를 맺는다.

"즐기자!"

"넌 할 수 있어!"

"고민해봤자 소용없어. 무슨 일이 생기겠어?"

모든 감정을 허락하라!

감정을 억지로 내보려고 하면 더 끈질기게 버틴다.

불안, 두려움, 호기심, 수치심, 만족, 행복…….

그 무엇이든 허락하라!

혹여 지금 느끼는 감정이 마음에 안 들더라도

자신에게 너무 가혹하게 굴지 마라.

그렇게 생각을 가다듬고 허리를 쭉 펴고서 무대를 향한다. 물론 아무리 그래도 실수는 일어난다. 말도 꼬인다. 하지만 절대 내 능력에 뒤처지는 무대를 선보이지는 않는다. 강연 중에도 쉬지 않고 참가자들의 반응을 점검하고 마음에 들지 않는 점들을 되짚는다. 그럼에도 나는 매 순간을 즐기며, 내 말에 웃어주는 관객들을 보면서 진심으로 행복을 느낀다.

부정적인 감정을 이기는 확실한 방법

부정적인 감정을 이기는 방법은 하나 더 있다. 이를 발견하게 된 것은 순전히 내 아들 막시밀리안 덕분이다. 막시밀리안은 지금 일곱 살이고 축구를 무지무지 좋아한다. 특히 할아버지와 축구를 하는 것이 제일 재미있단다. 최근에 아이가 '경기'를 마치고 집에 왔는데 완전히 흥분해서 고함을 질렀다.

"어어어어어엄마, 나 거의 이길 뻔했어!"

"우와, 대단한데? 근데 거의 이길 뻔한 건 뭐야? 점수가 어땠는데?"

"나는 2점, 할아버지는 10점."

'긍정적으로 사고하라', '네 안의 장점을 찾아라' 같은 제목의 워크숍을 수천, 수백 번은 들어야 겨우 내 아들이 혼자서 얻은 이런 깨달음에 도달할 수 있는 사람들이 있다. 아마 자신에게 냉정한 현실주의자라면 같은 상황에서 이렇게 말했을 것이다.

"완전 망했어."

하지만 정반대로 이렇게 생각할 수도 있다.

"거의 이길 뻔했어."

'자화자찬'이 '자기애'와 더불어 구박덩이 신세를 못 면하는 세상이지만, 자신을 지키기 위한 순발력을 원하는 사람에게 이 두 가지는 필수적으로 갖춰야 할 조건이다. 우리 아들은 혼자서 그 조건을 갖춰왔고, 상대의 10점이 아닌 자신의 2점에 주저 없이 초점을 맞추었다. 정말 멋지지 않은가!

그 결과가 무엇이었을까? 아들은 의기충천해서 다음 경기에 임하였고 할아버지를 상대로 무려 여섯 골을 넣었다. (내가 수학을 못해서 구체적인 숫자는 모르겠지만) 승률은 아마 수십 퍼센트 상승했을 것이다. 아들의 이런 급격한(?) 상승 곡선은 순전히 자화자찬 덕분이 아닐까?

실패를 끌어안고 전전긍긍할 것인가, 지금 그대로의 당신을 사랑할 것인가

우리 여성들은 대체로 뛰어난 언어 재능을 타고나지만 자신을 좀처럼 믿지 못한다. 최근에 한 여성이 내게 이런 메일을 보냈다.

"말문이 막힌 경험에 대해 물어보시니 이런 일이 떠오릅니다. 마지막 직장에서 계약 기간이 끝나 사장님과 면담을 했습니다. 여자 사장님이셨는데 저를 보면 늘 제 마음이 콩밭에 가 있는 것 같다고 말씀하셨죠. 애들 생각을 하고 있는 게 아니냐는 거였습니다. 너무 당황해서 어찌어찌 변명하고 반박도 했지만 아마 설득력은 약했을 겁니다. 솔직히 말해 그런 비난을 들으면 늘 말문이 막히거든요. 하지만 저는 일할 땐 정말 일 생각만 합니다. 집안일로 회사에 피해를 준 적은 단 한 번도 없었습니다. 저는 정말이지 일이 좋아서 선택한 사람입니다. 그래서 혼신을 다해 일했는데 그런 비난을 들으니 정말로 부당하다는 생각이 들었습니다."

아주 오래전의 일인데도 이 여성의 말투에선 아직도 분하고 억울한 느낌이 많이 남아 있었다. 아마 그 순간 그녀가 사장에게 적절한 대답을 하지 못했기 때문일 것이다. 당당하게 맞서서 자신의 주체성을 되찾아야 했는데 그러지 못하고 '실패'했기 때문일 것이다.

실패를 좋아하는 사람은 없다. 그럼에도 실패는 인생의 한 부분이다. 실패를 이기는 기술? 너무나 간단하다. 다시 일어서면 된다.

하지만 우리는 실패에 너무 오래 매달린다. 툭툭 털고 일어서면 될 것을 계속 바닥에 주저앉아 넘어진 자신을 책망한다. 주변 여성들에게 말문이 막혔던 경험이 있냐고 물어보면 거의 모두가 속사포처럼 그런 경험담을 쏟아낸다. 얼마나 오래 가슴에 담아두었으면 그렇게 순식간에 떠올릴 수 있단 말인가?

물론 그런 일을 당하면 기분이 나쁘다. 아무 말도 못했다는 사실 때문에 자존감과 자아상에도 생채기가 난다. 그리고 그 상처가 아물기까지 정말 오랜 시간이 걸린다. 홍보의 원리와도 비슷하다. 어떤 기업이나 브랜드에 관해 부정적인 뉴스가 나가면 나빠진 이미지를 회복하기 위해서 일곱 번의 긍정적인 뉴스가 필요하다고 한다. 마찬가지로 말하면 한 번의 부정적인 이미지를 극복하기 위해서 일곱 번의 긍정적인 이미지가 필요한 것이다.

우리도 비슷하지 않은가. 어린 시절 내내 열등하고 무능한 존재라는 말을 듣고 자라면 세월이 한참 지나 어른이 된 후에도 좀처럼 자신을 믿지 못한다. 물론 어린 시절을 탓하며 안주해도 된다는 말은 결코 아니다. 세상 그 누구도 우리의 어린 시절에 관심을 보이지 않는다. 취업 면접에서 사장이 구직자를 이렇게 위로했다는 말은 들어본 적이 없다.

"아, 보아하니 아버지와 사이가 안 좋았군요. 아버지가 남동생만 좋아하고, 당신에겐 너무 일방적인 희생을 강요했군요. 그렇다면 합격입니다. 이 회사에서 자존감을 회복하세요."

말도 안 된다. 우리는 성인이고 무슨 일이든 스스로 해결해야 한다.

실패를 이기는 한 가지 방법이 있다. 바로 유머이다. 당신의 화법에 유머가 포함되어 있다면 절반은 해결된 셈이다. 그다음 단계는 실패가 불러오는 부정적 하강 곡선에 휘말리지 않는 것이다. 이 책을 읽은 후에도 분명 말문이 턱 막히는 상황이 생길 것이다. 그렇지 않다면 당신은 니체Nietzsche가 찬탄한 '초인'일 테니까. 하지만 앞으로는 실패를 어떻게 포장할 것인지를 먼저 고민하라. 실패를 끌어안고 전전긍긍할 것인가, 아니면 한번 크게 웃고 하던 일을 계속할 것인가. 선택은 당신의 몫이다.

분명한 것은 이런 마음의 자세만으로도 신체 언어와 태도가 바뀔 수 있다는 점이다. 그렇게 되면 자동적으로 당신을 향해 날아오는 공격의 화살이 줄어들 것이고 더불어 행복도 커질 것이다. 그렇게 점점 더 상승 곡선을 타고 날아오르다 보면 마침내 당신의 인생이 활짝 피어날 것이다.

• • • • • • • • •

단호하지만 우아하게 방패를 치켜들라

우리 회사 여직원 한 명은 순발력이라고는 눈 씻고 찾아봐도 없을 만큼 수줍은 체질이다. 그녀는 기회만 있으면 내 워크숍을 들었다. 어찌나 자주 듣는지 아마 열 번은 더 들었을 것이다. 하루는 내가 그녀에게 이렇게 물었다.

"안 지겨워요?"

"아뇨. 전혀요. 들을 때마다 새로운 것을 배워요. 이렇게 차곡차곡 쌓다 보면 언젠가 결실을 맺을 날이 올 거예요."

그녀의 말이 맞았다. 노력이 결실을 맺기까지는 그리 오래 걸리지 않았다. 놀랍게도 나는 그 순간을 목격했다. 어느 날 그녀와 나는 내 차를 타고 고속도로를 달리는 중이었다. 내 차는 사람들 말마따나 장난감만 한 작은 경차이다. 여직원이 운전을 하였고 나는 조수석에 앉아서 이런저런 쓸데없는 조언들을 날리던 참이었다.

그런데 1차선에서 대형차 한 대가 우리 앞을 가로막고 천천히 달렸다. 나는 짜증이 났다.

"저 메르세데스가 왜 저렇게 천천히 가지? 추월차선에서 비키지도 않고."

"제가 전조등으로 경고 신호를 보낼게요."

과연 경고 신호를 보냈더니 메르세데스가 2차선으로 비켰다. 그 차를 추월하면서 슬쩍 봤더니 고급 양복에 앞주머니에는 실크 손수

건까지 찌른 멋쟁이 신사가 잔뜩 화가 난 표정으로 우리를 노려보고 있었다. 감히 경차 주제에, 그것도 여자 둘이 탄 경차가 나를 추월하다니! 딱 봐도 그런 표정이었다. 어느 쪽이 더 그의 화를 돋웠는지는 모르겠다. 경차인지 여자인지. 어쨌든 우리는 신나게 달렸다. 좀 더 가서 주유소에 들렀는데 그 메르세데스 신사가 우리 뒤를 따라 주유소로 들어왔다. 내가 여직원에게 말했다.

"시비를 걸 것 같은데."

"제가 보기에도 그러네요. 제가 처리할게요."

그녀가 전투태세의 표정으로 나를 쳐다보았다. 나는 깜짝 놀랐다. 한 번도 그런 적이 없었기 때문이다. 그녀가 차에서 내렸다. 메르세데스 신사도 내렸다. 그리고 두 사람은 정확히 아래와 같은 대화를 나누었다. 내가 두 귀로 똑똑히 들었다.

그 (완전히 화가 나서 큰 소리로) 이봐요, 아가씨.

그녀 (아주 평온한 목소리로) 왜 그러세요, 할아버지.

그 (심장마비 직전의 표정으로) 아니, 내가 왜 할아버지야, 눈이 삐었어요?

그녀 (느긋하게) 내가 왜 아가씨야, 눈이 삐었어요?

그 (숨을 헐떡이면서) 아니 내가…… 그게 아니라…… 내 차가 여기 이 차보다 훨씬 빠른데 말이야.

그녀 (마지막 일격을 날린다) 그래서요?

그 허, 참.

남자는 결국 더 이상 반격하지 못하고 자리를 떴다.

"나 정말 놀랐어. 그리고 너무너무 자랑스러워. 근데 왜 그래?"

내가 그녀 곁으로 다가갔다. 그녀가 양손을 내게 보여주었는데 사시나무 떨듯 벌벌 떨리고 있었다.

"들으셨죠? 괜찮았어요?"

"최고였어, 최고! 다음 강의 나 대신 할래?"

당신은 상상할 수 있는가? 그 수줍음 많던 여직원이 그날 어떤 기분이었을지 눈곱만큼이라도 짐작할 수 있겠는가? 그야말로 하늘을 나는 기분이었을 것이다. 아마 지금도 훨훨 날고 있을 것이다. 하루 종일 구름을 깔고 누운 듯 행복했을 것이고 나무라도 뽑을 수 있을 정도로 힘이 불끈 솟았을 것이다.

이제 당신에게 묻고 싶다. 어느 쪽이 당신에게 더 유익하겠는가? 어느 쪽이 당신의 자존감과 자신감을 더 북돋아주겠는가? 주먹을 부르르 떨며 이를 악문 채 상냥하고 다정한 여자가 되는 편이? 아니면 단호하지만 우아하게 방패를 치켜드는 편이?

아마 내가 몸이 아프기 전에 이 책을 썼더라면 전혀 다른 책이 되었을지도 모른다. 순발력은 유방암과는 아무 상관이 없지만 그 경험이 어떤 식으로든 큰 도움이 된 것 같다. 하지만 내가 겪은 것으로 충분하다. 굳이 당신까지 그런 경험을 할 필요는 없다.

이제는 당신이 더 힘차고 당당한 모습으로 일상으로 돌아갔으면 좋겠다. 동시에 순발력이 말재주나 말솜씨에 달린 것이 아니라는 사실을 알았으면 좋겠다. 순발력은 삶의 자세, 내면의 자세에 달린 것이고, 그 마음의 자세는 다시 겉모습을 통해 드러나는 법이니까.

거울 앞에 서서 자신의 모습을 보며 지금 이대로의 당신이 얼마나 훌륭한 사람인지 알았으면 좋겠다. 당신이 이 세상을 풍요롭게 하는 멋진 존재라는 사실을 잊지 말고, 삶의 무대에 올라 힘차게 '하이웨이 투 헬highway to hell'로 달려갔으면 좋겠다.

당신은 대단한 재능을 가진 대단한 사람이다. 이 책은 당신을 바꾸려는 것이 아니다. 지금 있는 그대로의 당신을 사랑하라고 용기를 주려 할 뿐이다. 우리 모두는 이미 슈퍼우먼이니까.

이 책을 하리보 젤리 한 봉지라고 생각해도 좋다. 모든 젤리가 다 입에 맞지는 않겠지만 이것저것 새로운 맛을 시도해보자. 그리고 그 멋진 경험담을 내게도 들려준다면 좋겠다. 우리가 서로 얼굴을 마주 보며 즐겁게 이야기 나눌 수는 없겠지만, 마음속 방패를 잊지 말고 항상 건강하기를 바란다!

당신의 니콜 슈타우딩거

불량 페미니스트의 순발력 레슨 Final Check!

Skill 01. 한 귀로 듣고 한 귀로 흘린다

상대의 말을 흘려들으며 무성의하게 대답한 후 대화를 내가 원하는 방향으로 이끌어갈 수 있다. 예를 들어보자.

"아, 자녀가 한 명이군요. 몇 명 더 낳을 생각이에요?"

"몇 명 낳을지는 연봉에 달렸죠. 아, 기왕 말이 나왔으니 연봉에 대해 여쭤보고 싶습니다."

Skill 02. 속담이나 명언을 활용한다

속담이나 명언 중에서 자주 써먹을 만한 것을 골라 외워둔다. 그것은 곧 내 심정을 단 한마디로 표현하며 맞받아치는 기술이 된다.

Skill 03. 아이러니로 유쾌하게 맞받아친다

상대가 아이러니를 이해하는지 못하는지는 당신이 상관할 바가 아니다. 아이러니는 약간의 속임수와도 같다. 예를 들어보자.

"아, 자녀가 한 명이군요. 몇 명 더 낳을 생각이에요?"

"이 회사에 다니려면 몇 명을 낳아야 하나요?"

Skill 04. 아이러니로 폭로한다

상대의 공격을 충분히 이해했지만 그 술수에 놀아나지 않겠다는 각오를 보여주는 방법이다. 소냐가 시누이에게 들었던 공격을 떠올려보자.

"그래? 잘됐네. 내가 집 좀 치우고 있을 테니 얼른 방에 들어가서 옷 갈아입어."

"어머, 대단해요. 형님, 일타쌍피네. 한마디로 두 방이나 날리시다니."

Skill 05. 되물어서 폭로한다

상대의 공격을 충분히 이해했다고 알려주는 점에서 Skill 04와 같지만 거기서 한 발 더 나아가 이해한 내용을 다시 한 번 짚어주며 받아치는 기술이다. 덤덤하고 솔직한 태도가 핵심이다.

"그래? 잘됐네. 내가 집 좀 치우고 있을 테니 얼른 방에 들어가서 옷 갈아입어."

"형님 말을 제가 제대로 이해했는지 모르겠네요. 그러니까 지금 우리 집이 더럽고 제 꼴이 한심하다는 말씀을 하고 싶으신 거죠?"

Skill 06. 영혼 없는 감탄사를 날린다

아무 생각도 나지 않을 때 응급조치로 던지는 감탄사이다. 입 다물고 가만히 있는 것보다는 무슨 말이든 하는 것이 낫다.

Skill 07. 내 마음대로 해석한다

상대의 말이 옳다고 인정하면서 그 내용을 자신의 방식으로 해석한다. 고객을 직접 대면하는 영업직에게 정말로 유익한 기술이다. 병원 대기실에서 일하던 코르넬리아의 사례를 떠올려보자.

"이거 너무 느리잖아. 굼벵이야?"

"고객 한 분 한 분께 최선을 다하는 굼벵이랍니다. 조금만 더 기다려주십시오."

Skill 08. 상대의 공격을 허공으로 날린다

지나친 해석은 도리어 해가 된다. 굳이 상대가 던진 말의 행간을 읽으려 노력하지 마라. 예를 들어보자.

"우리 회사는 치마 길이로 자리를 배정하나 봐요."

"정말요? 그럴 수가! 믿을 수가 없네요."

Skill 09. 단답형으로 받아친다

두 번 다시 상종하고 싶지 않은 사람에게 던지는 짧지만 강력한 한 방의 기술이다. "싫어", "안녕", "꺼져"와 같은 대답을 가장 대표적인 예로 들 수 있다.

Skill 10. 솔직하게 대답한다

상대에게 진실을 알려주는 것은 잔혹하지만 효과 만점인 기술이다. 기젤라도 자신을 향해 예상 밖의 한 방을 날린 울리에게 그 방법을 사용하지 않았던가.

"네 원피스 짱이다. 허리 살이 하나도 안 보여."

"내가 다음에 빌려줄게. 너도 필요할 텐데."

Skill 11. 허풍으로 상대의 공격을 날린다

말도 안 되는 질문이나 비난에는 더 말도 안 되는 대답으로 공격하라.

"출근하면 애들은 어떻게 할 거예요?"

"장롱에 가두었다가 퇴근해서 꺼내줄 겁니다."

Skill 12. 급할 때 사용하는 비상용 멘트를 준비한다

눈을 크게 뜨고 귀를 활짝 열고 신나게 살면서 부당한 언어 공격에 맞서기 위한 비상용 멘트를 하나씩 늘려가보자.

Skill 13. 동의하면서 맞받아친다

기가 막힌 말을 들었을 때는 오히려 상대의 말에 무조건 동의하여 상대를 혼란에 빠뜨릴 수 있다.

"못 본 사이 엄청 뚱뚱해졌네."

"맞아."

Skill 14. 상대의 말을 그대로 되풀이하여 질문한다

역시 직장에서 사용할 수 있는 유익한 기술이다. 상대의 말을 반복하여 상대가 자신이 뱉은 말을 되새겨볼 수 있도록 거울을 들이미는 것이다.

"기획서도 비용을 지불해야 하나요?"

"고객님, 제가 제대로 알아들었는지 확인할 겸 다시 한 번 여쭤보겠습니다. 그러니까 저희더러 지금 한 푼도 안 받고 엄청난 시간과 노력을 투자하여 기획서를 만들고 프레젠테이션을 해달라는 말씀이십니까?"

Skill 15. 받은 공을 그대로 되돌려준다

상대가 던진 공을 되돌려주며 상대와 똑같은 무기로 공격한다. 윈스턴 처칠의 이야기가 기억나는가?

"당신이 내 남편이면 당신에게 독을 먹였을 거예요."

"당신이 내 아내라면 그 독을 마시겠소."

당신은 대단한 재능을 가진 대단한 사람이다.

이 책은 당신을 바꾸려는 것이 아니다.

지금 있는 그대로의 당신을 사랑하라고 용기를 주려 할 뿐이다.

우리 모두는 이미 슈퍼우먼이니까.

나는 이제 참지 않고 말하기로 했다

초판 1쇄 발행 2016년 12월 20일
초판 4쇄 발행 2017년 3월 31일

지은이 • 니콜 슈타우딩거
옮긴이 • 장혜경

펴낸이 • 박선경
기획/편집 • 김시형, 이지혜, 인성언
마케팅 • 박언경
표지 디자인 • 형태와 내용 사이
본문 디자인 • 디자인원
제작 • 디자인원(031-941-0991)

펴낸곳 • 도서출판 갈매나무
출판등록 • 2006년 7월 27일 제395-2006-000092호
주소 • 경기도 고양시 덕양구 은빛로 43 은하수빌딩 601호
전화 • 031)967-5596
팩스 • 031)967-5597
블로그 • blog.naver.com/kevinmanse
이메일 • kevinmanse@naver.com
페이스북 • www.facebook.com/galmaenamu

ISBN 978-89-93635-76-8/ 03190
값 14,000원

• 잘못된 책은 구입하신 서점에서 바꾸어드립니다.
• 본서의 반품 기한은 2021년 12월 31일까지입니다.

이 도서의 국립중앙도서관 출판예정도서목록(CIP)은 서지정보유통지원시스템 홈페이지 (http://seoji.nl.go.kr)와 국가자료공동목록시스템(http://www.nl.go.kr/kolisnet)에서 이용하실 수 있습니다.(CIP제어번호: CIP2016028926)